L'ADMINISTRATION

DU MARQUIS

DE POMBAL.

TOME SECOND.

L'ADMINISTRATION

DE SÉBASTIEN-JOSEPH

DE CARVALHO ET MÊLO,

COMTE D'OEYRAS,

MARQUIS DE POMBAL,

*Secrétaire d'État, & Premier Ministre
du Roi de Portugal Joseph I.*

TOME SECOND.

A AMSTERDAM.

M. DCC. LXXXVI.

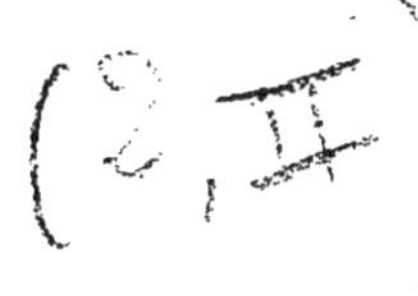

L'ADMINISTRATION

DU MARQUIS

DE POMBAL.

LIVRE V.

CHAPITRE PREMIER.

Changement avantageux dans le Gouvernement.

LA vérité a un tel ascendant sur l'esprit humain, qu'elle perce au travers du mensonge. On a beau vouloir la déguiser, partout où elle est, elle se montre. L'Auteur des Mémoires en fait un aveu, qui doit servir ici de conviction. « Carvalho, dit-il,

» en entrant dans le Ministere, rétablit
» l'ordre dans toutes les parties du Gou-
» vernement. Il travailla avec ardeur à
» mettre en vigueur les Finances, la Ma-
» rine, la Navigation, le Commerce.

» L'Agriculture fut encouragée; de nou-
» veaux Arts & de nouvelles Manufactures
» furent établis. La milice parut sous un nou-
» veau génie: en un mot, les plus grandes
» réformes furent frappées ».

Il suffiroit de cet aveu dicté par ceux-
mêmes qui ont cherché depuis à flétrir la
réputation de ce Ministre, pour éterniser
sa mémoire.

Ceux qui savent combien il est difficile
de faire sortir une nation de l'inaction où
elle croupit depuis plusieurs siècles, con-
viendront que Carvalho commença son
Administration par où les plus grands hommes d'Etat finissent la leur. Cependant,
rapportons ici quelques - uns de ses réglemens. Nous venons de voir l'état où étoit
la Monarchie ; nous allons voir ce qu'il fit
pour la rétablir.

CHAPITRE II.

Carvalho fait publier une Ordonnance pour fixer le numéraire dans le Royaume.

LA première loi que fait ce Miniftre eft celle qui montre le plus fa fageffe , c'eft-à-dire , fon économie , qui , dans nos temps modernes où les richeffes font la puiffance , eft la première vertu de l'homme d'Etat.

On a déjà dit que le Portugal , qui pouvoit être le Royaume le plus riche de l'Univers , étoit le plus pauvre de l'Europe. On a vu auffi la caufe de l'épuifement de fon numéraire. Pour remédier à ce mal , ce Miniftre engage le Roi à donner une ordonnance contre la fortie de l'efpèce. Cette loi étoit établie depuis la fondation de la Monarchie , mais on l'avoit négligée comme une infinité d'autres ; dont on ne connoît la néceffité que par les abus qui naiffent de leur négligence.

Les Portugais n'ayant que leur or pour pourvoir à leurs befoins, il étoit contre les régles de l'équité de leur défendre de les payer avec le feul moyen qu'ils avoient pour les acheter.

Cela paroiffoit injufte, & ce ne l'étoit pas. Les denrées & les genres du Bréfil & de l'Etat principal peuvent former la première balance entre les échanges des Manufactures angloifes & les premières matières du Portugal. Il eft vrai qu'elles ne fuffifoient pas pour fe pourvoir du fuper-flu. Et c'étoit fur ce fuperflu que la loi ftipuloit. Il devoit donc arriver de deux chofes l'une, ou que les Portugais ache-teroient moins de chofes de luxe, ou que les Anglois en les vendant feroient punis par la confifcation de l'or qu'ils recevroient en paiement, ce qui en diminueroit l'ex-portation. L'Auteur des Mémoires avoue que cet Edit, propre à mettre un frein à l'avidité angloife, étoit jufte, fage, pro-pre à obtenir l'approbation des politiques.

Quoi qu'il en foit, il eft certain que,

depuis cette loi, l'exportation de l'or fut moindre, & qu'on ne vit plus comme auparavant des fommes immenfes difparoître du Portugal à l'arrivée des flottes du Bréfil. Il fuffit fouvent d'un réglement pour remédier à des maux qui ont affligé longtemps un Gouvernement.

La nouvelle de cet Edit fut à peine portée en Angleterre, que la nation en prit l'alarme. Priver un peuple d'une richeffe d'où elle tire fon opulence, c'eft lui couper les nerfs de fa puiffance. L'affaire étoit trop férieufe pour fe borner aux fimples repréfentations. La Cour de Londres expédia un Ambaffadeur pour empêcher l'effet de l'ordonnance. C'étoit Mylord Tirawley.

Le difcours qu'il adreffa au Roi à ce fujet, eft digne d'être rapporté. On y voit une politique fine & adroite, qui, fous prétexte du bien public, ramène tout à fes intérêts particuliers. Il commence par flatter le Monarque, afin de le difpofer à ce qu'il veut de lui. Enfuite il a recours à Dieu, dont la providence, à ce qu'il dit, veut que les richesses soient d'un côté, & l'industrie de l'autre, pour maintenir l'ordre dans les Gouvernemens économiques. Des prières il passe aux menaces, & annonce la guerre au Portugal, s'il ne veut pas se dépouiller de son numéraire en faveur de l'Angleterre.

« Sire, Votre Majesté ne peut être assez
» louée de l'attention qu'Elle a toujours
» apportée aux affaires du Gouvernement:
» la preuve qu'elle vient d'en donner dans
» l'examen qu'elle a fait du commerce,
» montre suffisamment ses qualités royales,
» qui la rendroient digne de porter une
» couronne, si celle qu'elle a sur la tête
» ne lui avoit été transmise par une lon-
» gue & glorieuse suite de Rois ses an-
» cêtres.

» Mais permettez-moi, Sire, d'observer
» qu'il est un grand Roi par qui tous les
» autres régnent, & dont la providence
» régle l'administration des choses humai-
» nes. Chaque peuple a son lot. Les ri-
» chesses appartiennent à certaines nations,

» l'induſtrie à d'autres , & par cet arrange-
» ment , la libéralité du Ciel les fait toutes
» égales.

» Tous les conſeils humains ſont vains ,
» lorſqu'ils ſont contraires à ſa gloire ; &
» toutes les Puiſſances foibles , lorſqu'elles
» ne s'accordent pas avec ſa volonté.
» Votre Majeſté a défendu l'exportation
» de l'or ; la choſe eſt impraticable. Vous
» pouvez , Sire , réprimer vos ſujets , mais
» non mettre des bornes à leurs beſoins.
» Suppoſons , pour un moment , que cela
» ſoit poſſible , & que par un décret vous
» ruiniez les Puiſſances du Nord , quelle
» en ſeroit la conſéquence ? La voici. Ceux
» qui cultivent les campagnes , les Mar-
» chands de beſtiaux , tous les Manufactu-
» riers qui travaillent maintenant dans leurs
» maiſons pour habiller vos ſujets , ſe fe-
» roient ſoldats : les vaiſſeaux marchands
» qui rempliſſent votre port de Lisbonne,
» ſe changeroient en flottes , & iroient au
» Bréſil ſe ſaiſir de plus d'or que le Portu-
» gal ne ſauroit leur en donner ».

Vous pouvez réprimer vos sujets, mais non pas mettre des bornes à leurs besoins. Quand l'avarice elle-même eût parlé en personne, elle ne se fût pas exprimée autrement.

Il y a déjà quelque temps que l'on place la Providence à côté du système des Etats : on a recours au Ciel pour expliquer les combinaisons économiques de la terre : on attribue aux causes premières, ce qui n'est que l'effet des secondes. L'ambition, à qui tout sert de prétexte pour remplir ses vues, fait entrer la sagesse du Créateur dans les arrangemens de la créature. Cette distribution que les arts donnent aux nations, devient dans le système des politiques un décret de Dieu, dont, selon eux, on ne peut s'écarter sans devenir rebelles.

On ne fait pas attention que la communication entre les continens séparés par des mers immenses, a été l'affaire du hasard. On oublie que les portes de l'univers ne sont ouvertes que depuis deux siécles & demi, Si l'Auteur de la nature avoit voulu cette communication dont on fait aujourd'hui un fyftême, il eût donné aux différens peuples des befoins communs & une langue générale, pour pouvoir s'entendre. Tout femble au contraire prouver que chaque fociété particulière a été faite pour former un monde à part : l'efprit, le génie, les mœurs, les inclinations, la manière de s'habiller & de fe nourrir le démontrent. Auffi l'avarice & l'ambition n'eurent pas plutôt forcé cette ligne de démarcation qui fépare les deux Mondes, que des maux affreux affligèrent l'Europe : une maladie inconnue à nos pères vint attaquer l'homme dans le fein de la vie & des plaifirs. De nouvelles denrées nous apportèrent de nouveaux maux. Il faut que chaque Etat ait en lui la fource de fes befoins, & que fon induftrie nationale la rende indépendante de toute induftrie étrangère. Ceci eft fi exact, que les trois grandes Puiffances de l'Europe font confifter en ceci toute leur politique.

Chaque nation a une mefure de befoins

physiques que son continent ne lui refuse jamais : il suffit pour cela que le Gouvernement maintienne l'émulation dans les Arts. C'est pour avoir négligé cette maxime, que plusieurs Monarchies qui devroient jouir d'un grand pouvoir, se trouvent aujourd'hui sans puissance.

Carvalho, sans faire attention au discours de l'Ambassadeur, soutint la Loi; mais s'étant apperçu que les Bretons y dérogeoient, il s'en plaignit hautement. La facturie se retrancha sur la négative. Le Ministre demanda aux Négocians Anglois de représenter leurs livres. Ils n'eurent garde de les ouvrir : ils s'en défendirent sous différens prétextes ; mais le véritable étoit, qu'ils craignoient la conviction de ce dont on les accusoit. Depuis cette époque, il sort du Portugal un peu moins de numéraire, qu'il n'en sortoit auparavant. C'est déjà beaucoup d'ôter quelque chose à une nation qui veut avoir tout.

Ceux qui ne jugent des nouveaux Réglemens que par certains effets qui se pré-

fentent d'abord , ne trouveront dans celui-
ci qu'une économie fur l'efpèce ; mais le
politique y voit un coup d'état. Les Négocians Anglois à qui depuis la Loi on dif-
pute à Lisbonne les paiemens pour le produit de leurs manufactures , en emporte-
ront moins : ainfi la proportion s'établira
d'elle-même entre l'or du Bréfil & l'induftrie de l'Angleterre.

CHAPITRE III.

Loix pour réprimer une licence scanda-
leuse.

UN homme de beaucoup d'esprit a eu
beau publier dans le meilleur livre que
nous ayons, que les Etats monarchiques
ont moins besoin de bonnes mœurs que
les républicains ; il sera toujours vrai que
dans quelque Gouvernement que les hommes vivent, la corruption sera le premier
fléau de la Société politique. Que ce soit
un Roi ou un Sénat qui dirige l'Empire,
les bonnes mœurs y sont aussi nécessaires.
Il est vrai que dans la République il y a
un ressort de plus, qui est celui de la vertu :
au lieu que l'honneur suffit dans la Monarchie, qui n'a pas besoin de mœurs si
rigides ; mais il en faut, sans quoi l'Etat
est perdu.

Au commencement du Ministère de
Carvalho, Lisbonne vit naître un scandale

qu'on ne connoiſſoit pas auparavant. Des libertins, dont les Capitales ſont remplies, & qui choiſiſſent toujours la nuit pour ſignaler leur débauche, voulant faire douter de l'honneur des jeunes Dames qui s'engageoient dans l'état du mariage, plantoient ſur les portes des nouveaux époux de ces marques d'ignominie (1) qui ſervent à rendre ſuſpecte la fidélité conjugale. Pour prévenir cette audace, qui ne tendoit à rien moins qu'à chercher à déshonorer les premières familles du Royaume, il fit publier un Edit très - rigide contre ceux qui ſe faiſoient un jeu de flétrir la réputaion des jeunes perſonnes du ſexe; & auſſi-tôt le déſordre ceſſa.

On a dit, & quelques - uns ont écrit, que ce n'étoit pas au Miniſtre des Affaires étrangères de ſe mêler de ces déſordres domeſtiques. Mais Carvalho, qui prévoyoit déjà de gouverner un jour la nation, crut qu'il devoit commencer par lui donner des

---

(1) Des cornes.

mœurs. Peut - être que sans ces premiers réglemens les derniers eussent été sans effet. Tous ceux qui connoissent la science du Gouvernement savent que la Société politique tient à des principes, qui, une fois violés, entraînent après eux le désordre & la confusion.

CHAPITRE IV.

Ordonnance pour diminuer l'autorité de l'Inquisition.

DE toutes les foiblesses qui se font manifestées à la Cour des Rois, celle de l'inquisition est la plus injuste. Son nom seul fait honte à l'humanité. Donner une autorité suprême à des Prêtres; constituer des Moines les Juges de la vie des hommes, est contraire à toutes les constitutions politiques & civiles. Tant de grands hommes ont écrit sur ce Tribunal, qu'on ne peut que répéter ce qu'ils ont dit. Nous passerons vîte à la réforme que fit Carvalho d'une procession connue dans les Annales du Portugal, sous le nom d'*Auto-da-fé*: procession qui servoit de spectacle par la mort des infortunés qu'on traînoit au supplice. Ce jour affreux étoit le plus beau jour du Royaume; un grand bruit de cloches l'annonçoit aux habitans de la campagne & à ceux de la ville. Les rues étoient remplies de peuples, & les balcons des Palais occupés par des Dames & des Grands de l'Etat. Les Moines, fiers & orgueilleux de leur proie, marchoient en triomphe à la tête de ce convoi funèbre. Les premiers Seigneurs du Royaume servoient d'Alguafils aux malheureux qu'on alloit exécuter. Le Roi & la Reine assistoient à cette tragédie, qui finissoit par le bûcher ou la potence. La superstition, en affoiblissant l'ame, donne à l'esprit un caractère qui rend l'homme méprisable.

Ce qui prouve le vice de ce Tribunal, c'est de pouvoir lui reprocher impunément sa tyrannie. Ceux qui le dirigent n'ont jamais pu répondre à un Mémoire (1) qui leur a été adressé au milieu de ce siècle, à l'occasion d'une Juive de dix - huit ans qui fut brûlée à Lisbonne. L'Auteur dé-

---

(1) Rapporté par M. de Montesquieu, Auteur de l'Esprit des Loix.

clare

clare que , quoiqu'il foit Juif , il refpecte la Religion chrétienne , & qu'il l'aime affez pour ôter aux Princes , qui ne feront pas Chrétiens , un prétexte plaufible pour les perfécuter.

« Vous vous plaignez , dit - il aux In-
» quifiteurs , de ce que l'Empereur du Japon
» fait brûler à petit feu tous les Chrétiens
» qui font dans fes Etats ; mais il vous ré-
» pondra : nous vous traitons , vous qui ne
» croyez pas comme nous, comme vous trai-
» tez-vous-mêmes ceux qui ne croient pas
» comme vous : vous ne pouvez vous plain-
» dre que de votre foibleffe qui vous em-
» pêche de nous exterminer.

» Mais il faut avouer que vous êtes bien
» plus cruels que cet Empereur. Vous nous
» faites mourir , nous qui ne croyons que
» ce que vous croyez , parce que nous ne
» croyons pas tout ce que vous croyez.
» Nous fuivons une Religion que vous fa-
» vez vous-même avoir été autrefois chérie
» de Dieu : nous penfons que Dieu l'aime

» encore, & vous penſez qu'il ne l'aime
» plus ; & parce que vous jugez ainſi , vous
» faites paſſer par le fer & par le feu ceux
» qui ſont dans cet erreur ſi pardonnable,
» de croire que Dieu aime encore ce qu'il a
» aimé.

  » Si vous êtes cruels à notre égard,
» vous l'êtes bien plus à l'égard de nos en-
» fans ; vous les faites brûler , parce qu'ils
» ſuivent les inſpirations que leur ont don-
» nées ceux que la loi naturelle & les loix
» de tous les peuples leur apprennent à reſ-
» pecter comme des Dieux.

  » Vous vous privez de l'avantage que vous
» a donné ſur les Mahométans la manière
» dont leur Religion s'eſt établie. Quand
» ils ſe vantent de leurs fidèles , vous leur
» dites que la force les leur a acquis , &
» qu'ils ont étendu leur religion par le fer :
» pourquoi donc établiſſez - vous la vôtre
» par le feu ?

  » Quand vous voulez nous faire venir à
» vous, nous vous objectons une ſource dont

» vous vous faites gloire de deſcendre. Vous
» nous répondez que votre Religion eſt nou-
» velle, mais qu'elle eſt divine, & vous le
» prouvez, parce qu'elle s'eſt accrue par la
» perſécution des payens, & par le ſang
» de vos Martyrs : mais aujourd'hui vous
» prenez le rôle des *Diocletiens*, & vous
» nous faites prendre le vôtre.

» Nous vous conjurons, non pas par le
» Dieu puiſſant que nous ſervons, vous &
» nous, mais par le Chriſt que vous dites
» avoir pris la condition humaine pour vous
» propoſer des exemples que vous puiſſiez
» ſuivre; nous vous conjurons d'agir avec
» nous, comme il agiroit lui-méme, s'il
» étoit encore ſur la terre. Vous voulez
» que nous ſoyons Chrétiens, & vous ne
» voulez pas l'être.

» Mais ſi vous ne voulez pas être Chré-
» tiens, ſoyez au moins des hommes : traitez-
» nous comme vous feriez, ſi, n'ayant que
» ces foibles lueurs de juſtice que la nature
» nous donne, vous n'aviez point une Re-

» ligion pour vous conduire , & une ré-
» vélation pour vous éclairer.

» Si le Ciel vous a affez aimés pour vous
» faire connoître la vérité , il vous a fait une
» grande grace : mais eft-ce aux enfans qui
» ont l'héritage de leur père, de haïr ceux
» qui ne l'ont pas eu ?

» Que fi vous favez cette vérité , ne nous
» la cachez pas par la manière dont vous
» nous la propofez. Le caractère de la vé-
» rité , c'eft fon triomphe fur les cœurs
» & fur les efprits , & non pas cette im-
» puiffance que vous avouez , lorfque vous
» voulez la faire recevoir par des fup-
» plices.

» Si vous êtes raifonnables , vous ne de-
» vez pas nous faire mourir , parce que
» nous ne voulons pas vous tromper. Si
» votre Chrift eft le Fils de Dieu, nous
» efpérons qu'il nous récompenfera de n'a-
» voir pas voulu profaner fes Myftères :
» & nous croyons que le Dieu que nous
» fervons vous & nous , ne nous punira

» pas de ce que nous avons souffert la mort
» pour une religion qu'il nous a autrefois
» donnée, parce que nous croyons qu'il
» nous l'a encore donnée.

» Vous vivez dans un siécle où la lumiè-
» re naturelle est plus vive qu'elle n'a ja-
» mais été, où la philosophie a éclairé les
» esprits, où la morale de votre Evangile
» a été plus connue, où les droits rés-
» pectifs des hommes les uns sur les au-
» tres, l'empire qu'une conscience a sur
» une autre conscience, sont mieux éta-
» blis. Si donc vous ne revenez pas de vos
» anciens préjugés, qui, si vous n'y pre-
» nez garde, font vos passions, il faut
» avouer que vous êtes incorrigibles, in-
» capables de toute lumière & de toute
» instruction, & une nation est bien mal-
» heureuse, qui donne de l'autorité à des
» hommes tels que vous.

» Voulez - vous que nous vous disions
» naïvement notre pensée ? Vous nous re-
» gardez plutôt comme vos ennemis, que

» comme les ennemis de votre Religion ;
» vous ne la laisseriez point corrompre par
» une ignorance grossière.

» Il faut que nous vous avertissions d'une
» chose ; c'est que, si quelqu'un dans la
» postérité ose jamais dire que dans le
» siécle où nous vivons, les peuples d'Eu-
» rope étoient policés, on vous citera,
» pour prouver qu'ils étoient barbares :
» & l'idée que l'on aura de vous, sera
» telle, qu'elle flétrira votre siécle, &
» portera la haine sur tous vos contempo-
» rains ».

De toutes les requêtes qui ont été adres-
fées au bon sens & à la raison, je n'en
connois aucune qui mérite mieux d'être ap-
pointée que celle-ci.

Le Ministre ne se contenta pas de
cette première réforme : il fut ordonné
qu'à l'avenir on ne feroit aucune exécution sans le consentement de la Cour.
C'étoit faire rentrer le Roi & les sujets
dans leurs droits respectifs. Tous les Ju-

gemens rendus par l'Inquifition devoient
être mis fous les yeux du Confeil d'Etat,
pour être confirmés ou annullés. Cet Edit
renfermoit ce Tribunal dans fes juftes limites. C'étoit faire par une feule Loi, ce
que l'adminiftration de Portugal n'avoit
pas fait dans deux fiécles.

CHAPITRE V.

Ordonnance pour prévenir un abus qui s'étoit introduit au Bréfil fur les jeunes perfonnes du fexe qu'on deftinoit au célibat avant l'âge de réflexion.

LES Couvens, dans leur origine, furent établis pour fervir d'afyle à des vierges, qui ayant de bonne heure. reconnu le néant des chofes humaines, s'en féparoient volontairement pour jouir dans le filence de cette paix intérieure qui ne fe trouve que dans la retraite. C'étoit une Inftitution bien fage : elle pourvoyoit non-feulement aux fecours du Ciel, mais même à ceux de la terre. Dans tous les rangs & toutes les conditions, les befoins phyfiques, & ceux de fuperfluité, occupent une partie de la vie. Les vierges qui fe confacrent au célibat, font déchargées de ce foin, qui dans toutes les autres conditions eft le premier de tous les foins.

Mais l'avarice, l'oftentation corrompi-
rent un établiffement fait pour prévenir la
corruption des mœurs.

Dans nos temps modernes, un père
de famille qui a quatre filles, en def-
tine une pour le monde, & trois pour le
cloître. Les Couvens deviennent des efpèces de prifons où on renferme de jeunes
perfonnes du fexe qui n'ayant pas atteint
l'âge de la réflexion, s'engagent dans l'état
célibataire fans le connoître, & s'en re-
pentent enfuite, après l'avoir connu : ainfi,
ces maifons de retraite deviennent des
lieux de trouble & de confufion ; car la paix
& la tranquillité de l'ame font incompatibles
avec le trouble & l'agitation : on ne fauroit
jouir de cette première fans une vocation
particulière ; lorfqu'on ne l'a pas, la raifon
humaine eft trop foible pour la donner.

Dans l'âge où l'inftitution des ordres cé-
libataires étoit dans fa ferveur, les
vierges qui s'adonnoient au Ciel, ne laif-
foient après elles aucunes traces des chofes
du monde fur la terre ; plus de liaifons,

plus d'amitié, plus de parenté, plus de famille : ces maiſons Religieuſes devenoient des tombeaux remplis de morts qui n'avoient aucune communication avec les vivans. Maintenant, cet état n'eſt plus iſolé ; il tient au monde par une infinité de liaiſons : il n'y a guère qu'une grille entre les mœurs de la ville & celles des maiſons religieuſes ; même curioſité, mêmes goûts, mêmes penchants, mêmes deſirs pour les plaiſirs, même empreſſement pour cette foule de fatuités que la morale condamne dans le monde, & que le monde lui-même permet de condamner.

Le Bréſil, depuis la découverte des mines, avoit les mêmes défauts qu'on reproche aux Européens qui jouiſſent d'une grande fortune. Par-tout où les richeſſes abondent, les mœurs ſont corrompues : on diroit que c'eſt de l'or que tous les vices tirent leur ſource. Les Bréſiliens envoyoient leurs filles aux Couvens à Lisbonne, ſous prétexte de leur donner une meilleure éducation ; mais, en effet, pour les faire Religieufes fans confulter leur vocation. Pour rémédier à cet abus , Carvalho fit publier un Edit , par lequel il étoit défendu aux habitans du Bréfil , fous des peines très-févères , d'envoyer leurs filles en Portugal fans le confentement du Roi. Ce qui devoit augmenter la population de l'Amérique , & diminuer le fcandale dans les Couvens de l'Europe.

CHAPITRE VI.

Loi pour réunir à la Couronne plusieurs Fiefs qui en avoient été démembrés dans les nouveaux Mondes.

DE tous les maux qui affligent une Monarchie, celui de l'aliénation du domaine est le plus grand. Il faut que la Couronne appartienne en entier à celui qui la porte. Comment le Roi subviendra-t-il aux charges publiques, si l'état est partagé entre lui & ses sujets. Depuis Charlemagne, l'Europe est divisée en autant de Souverainetés qu'il y a de Princes régnans. Cependant il y a des Etats entre les Princes & les Sujets, ce qui cause une lézion dans le Gouvernement, à moins qu'il ne soit Républicain; car alors la puissance politique est divisée entre ses membres; mais dans le Gouvernement monarchique, c'est un vice capital. Une preuve que ces concessions font des usurpations, c'est qu'elles se font toujours dans des temps de trouble & de confusion. On attend que l'Etat soit dans l'impuissance, pour lui arracher ce qu'on n'eût jamais obtenu de lui, s'il eût conservé son pouvoir.

Un Prince peut bien, dans un cas pressant, aliéner les revenus du domaine, mais non pas le domaine : c'est que le revenu appartient à la personne, & les domaines appartiennent à la nation : ainsi l'Etat, par sa nature, est inaliénable, parce que lé Souverain ne peut point aliéner ce qui n'est point à lui ; c'est la raison véritable pour laquelle les Rois sont toujours mineurs, & que leurs successeurs peuvent entrer dans le bien qu'ils ont aliéné, sans quoi on verroit des Etats se fondre dans d'autres, & s'affoiblir par de simples concessions. Comment le Souverain ne jouiroit-il pas de ses droits, puisque ses sujets en jouissent, ou sont à même d'en jouir : car qu'est-ce que la succession légale ? que la réunion entière d'un héritage qui passe sans démembrement du père aux fils, & des fils aux neveux, en cas que la ligne di-

recte s'éteigne , & que la collatérale re-
prenne ſes droits. Le Prince a même une
raiſon de plus que les particuliers , celle
de pourvoir aux beſoins toujours naiſſans
de la République : il faut donc que l'Etat,
pour reſter dans ſa première force , n'aliène
aucune de ſes parties ; c'eſt en quoi il ſera
d'autant plus foible que le domaine ſera
plus petit. On peut dire le même des conquêtes , qui ne doivent point ſouffrir de
partage , parce qu'elles appartiennent à la
Couronne qui les fait.

A la découverte des nouveaux Mondes ,
le Portugal avoit concédé des portions
immenſes de terre qui s'étoient préſentées
pour être défrichées. Avec le temps , ces
portions étoient devenues des Provinces ,
& quelques-unes des Royaumes. Carvalho
propoſa de les réunir à la Couronne comme
lui appartenant. Cette propoſition révolta
ceux qui les poſſédoient , on la taxa de
tyrannie : car toutes les fois qu'un Miniſtre
veut arracher des mains des ſujets un bien
qui appartient au Roi , il paſſe pour un

tyran. Les plus modérés lui donnèrent le nom d'*injufte* & de *defpotique* ; mais il n'étoit ni l'un ni l'autre par les raifons qu'on a déjà dites, & par celles qu'on va dire.

Lors de la découverte d'un continent, on peut accorder à une compagnie ou à des particuliers, foit Seigneurs ou autres, un continent à défricher, parce qu'il eft queftion d'un établiffement nouveau qui a befoin de bras pour enrichir l'Etat principal par fa culture ; mais cette donation de la part d'un Souverain ne fauroit être perpétuelle, parce que le Prince, qui, pour ainfi dire, ne fait que paffer fur le Trône, ne peut donner pour toujours ce qui n'eft à lui qu'un moment.

On fait que la France, en s'établiffant en Amérique, concéda des Colonies à des Seigneurs François, foit qu'elle les leur vendît ou les leur donnât gratuitement. Mais la Couronne, s'étant apperçue de l'inconvénient que cette autorité des nouveaux Mondes pouvoit faire naître dans l'ancien, les en dépouilla , ſans que cette réunion de ces domaines particuliers à celui de la Couronne fît crier perſonne. Aucun ſujet du Roi de France ne poſſéde en Afrique, en Amérique ou en Aſie aucun domaine émané de la Couronne. Il eſt vrai que l'Angleterre & la Hollande y ont eu & y ont encore des compagnies en toute ſouveraineté ; mais ce ſont des Républiques qui ont le droit de diviſer & ſubdiviſer le pouvoir légiſlatif; ce qui n'eſt point dans la Monarchie où la puiſſance doit être une.

Un grand nombre de Seigneurs portugais poſſédoient en Afrique & en Amérique des continens immenſes, ſous prétexte des ſervices qu'eux ou leurs ancêtres avoient rendus à l'Etat, comme ſi l'Etat devoit être dépouillé , parce qu'on lui a rendu des ſervices. Il y avoit de ſimples Gentilshommes qui jouiſſoient en toute propriété en Amérique des domaines plus étendus que ne le ſont les Royaumes d'Ecoſſe ou de Sardaigne en Europe. Par exemple, le

Comte

Comte de la Rivière régnoit dans l'Isle Saint-Michel, l'une des Açores.

Le Roi, en vertu d'une déclaration, rentra dans ses droits, & réunit à la Couronne les biens qui lui appartenoient. On taxa de tyrannie le Ministre qui avoit conseillé à Joseph Ier cette réunion, sans faire attention que celle-ci, en enrichissant l'Etat, revenoit au profit de l'Etat. Dans la Monarchie, c'est du fisc que dépend l'aisance publique, parce que les taxes & les impôts sont toujours en proportion de ses revenus. Augmentez-les, ces revenus, & la nation sera riche; diminuez-les, & elle sera pauvre, à moins que le Prince ne les détourne à son profit; alors il n'y a plus de Monarchie, plus de Gouvernement, plus de peuple, l'Etat est perdu.

A la place des revenus immenses & des privileges non moins étendus, le Ministre engagea le Roi d'accorder des pensions annuelles aux premiers propriétaires de ses domaines. Il est vrai que par-là leurs revenus diminuoient, mais ceux de l'État augmentoient : & tout bon citoyen doit regarder l'utilité publique comme le bien suprême. On donna même des titres à ceux qui avoient perdu des priviléges, ce qui étoit une sorte de compensation. On ne manqua pas d'accuser Carvalho de chercher à s'enrichir par la réunion des biens de la Couronne, qui n'appartenoit qu'à elle.

CHAPITRE VII.

Loi pour rétablir la navigation.

Carvalho forme une Compagnie pour le Commerce des Indes & de la Chine.

Depuis qu'on a acquis des lumières fur ce qui contribue à enrichir les Etats, le nom de *compagnies* eft devenu odieux, parce qu'on a fuppofé qu'elles gênoient le commerce: mais il en eft des compagnies comme d'une infinité d'autres chofes, dont on parle toujours fans jamais s'entendre. Il eft certain que dans un Royaume fertile, abondant, rempli de premières matières, qui tire tout de fon cru, dont le peuple eft actif, vigilant, laborieux, où les particuliers jouiffent d'une grande fortune, où chacun a affez de moyens pour faire par lui-même ce que plufieurs peuples veulent entreprendre, il ne faut point de compagnies. Mais quand cela n'eft pas;

qu'une nation eſt pauvre ; qu'elle vit dans une ſorte d'indigence ; que ſon continent produit peu ; qu'elle eſt obligée d'avoir recours aux étrangers pour ſa propre ſubſiſtance ; qu'elle n'a ni arts ni induſtrie ; qu'elle manque de numéraire : on peut alors charger un riche citoyen ou des citoyens du commerce , afin d'exciter par l'émulation d'un ſeul celle de tous. La Hollande , l'Angleterre , la France , doivent leur fortune aux Compagnies : elles ſeules jetèrent les fondemens de ces grands établiſſemens , dont on trouve encore les débris dans les trois autres parties du Monde ; c'eſt ſurtout chez les nations naiſſantes qu'elles conviennent , parce qu'elles ſeules peuvent leur donner les moyens qui leur manquent. Quelqu'un a dit à ce ſujet que le Portugal n'avoit été créé que quatre mille ans après la création. Il eſt certain que quoique ce peuple ſoit le premier dans la navigation , il eſt le dernier dans le commerce : il lui faut donc des Compagnies , puiſqu'elles entrent dans le ſyſtême des Etats naiſſans.

Pour que les Négocians puiſſent faire le commerce par eux-mêmes, il faut qu'ils aient des ſommes conſidérables à diſpoſer pour des temps conſidérables, ſur-tout lorſqu'il s'agit de trafiquer aux Indes & à la Chine, où il ne faut pas moins de trois ans pour qu'elles rentrent dans les Comptoirs d'où elles ſont ſorties : or il y a peu de Négocians particuliers en état de ſupporter de telles avances.

Dans l'état où étoit le Portugal après la mort de Jean V, il n'y avoit guère à Lisbonne que le nommé Félicien Velho Oldembourg en état d'être à la tête d'une Compagnie qui demandoit des fonds ſi conſidérables. C'étoit le plus riche particulier de Lisbonne, & peut-être de l'Europe. Outre ſes richeſſes prodigieuſes, il jouiſſoit d'un crédit immenſe. Lorſqu'un Négociant peut faire ſeul, ce que trente Négocians ne peuvent faire, il faut le privilégier, en lui accordant ce que les autres ne ſont pas en état de demander.

En matière de commerce, on parle toujours de liberté, ſans ſavoir trop ce qu'on
veut dire par elle. Que trente Négocians
aient chacun cent mille livres, & qu'on
leur accorde de négocier aux Indes; ſi
chaque particulier veut jouir de cette liberté, il ſe ruinera, & le commerce des
Indes ne ſe fera pas. Qu'un particulier ait à
luï ſeul trois millions avec privilége de
Compagnie pour les Indes, il négociera
avec avantage, & le commerce fleurira.
S'il n'a pas en total cette ſomme, il créera
des actions, & chacun prendra part à ce
commerce par une petite ſomme qu'il a,
au lieu d'une plus grande qu'il n'a pas:
ainſi, bien des citoyens, ſans être Commerçans, prendront part au commerce,
qui augmentera par l'endroit même qu'on
avoit cru devoir le diminuer.

Mais j'ai fait d'autres réflexions. Le commerce des Indes diviſé en pluſieurs branches particulières, pourra ſouvent être
ſuſpendu. Il ſuffit d'une guerre maritime,

pour qu'il n'y ait plus de sûreté pour eux.
On connoît dans ce temps-là le brigandage des Corfaires, qui profitent toujours
des divifions des Princes pour répandre
le trouble & la confufion fur l'Océan. Les
Compagnies font à l'abris de cette calamité maritime : elles fe font efcorter par des
vaiffeaux de guerre qui, comme on fait,
font le fléau de ces écumeurs de mer, qui
n'ofent déployer devant eux le pavillon
ennemi. Voilà ce qui porta ce Miniftre à
former cette Compagnie, contre laquelle
on fe récria beaucoup : mais qu'eft-ce que
le cri de ces hommes incapables de réflexions ? qui ne favent prefque jamais ce
qu'ils difent, & encore moins ce qu'ils
veulent.

Il eft vrai que depuis la mort de Jofeph I.er on a réformé cette Compagnie,
& donné la liberté à tous ceux qui vouloient trafiquer aux Indes ; mais cela ne
prouve pas que ce Miniftre fe foit trompé
dans l'établiffement de cette Compagnie :

en politique comme en économie, tout dépend du temps. Il n'eſt pas impoſſible que la Compagnie, qui gênoit d'abord le commerce des particuliers, n'ait contribué elle-même à établir la liberté. Ce ſont ſes nouvelles richeſſes qui ont produit cet effet.

CHAPITRE VIII.

Mort de la Reine douairière.

CETTE Reine, sœur de Charles VI, étoit une des belles Princesses de son temps : elle réunissoit en sa personne toutes les graces de la Majesté royale. Sa taille étoit avantageuse, & ses traits des plus réguliers. Si tous les dons de la nature réunis en une seule personne suffisoient à une épouse pour fixer l'amour conjugal, celui-ci eût duré jusqu'au tombeau. Mais le trône & la beauté, les deux plus grands attributs de ce sexe, ne mettent pas toujours à couvert une Reine de l'inconstance du cœur humain. Jean V, sans cesser de l'estimer, cessa quelquefois de l'aimer. Le mal est, que dans un cœur délicat, l'estime ne tient pas toujours la place de l'amour. Mais ce qui la toucha bien sensiblement, ce fut qu'après lui avoir fermé la porte de

ſon cœur, il ne lui ouvrit pas celle du cabinet. On peut guérir de l'amour, mais
on ne guérit pas de l'ambition, parce que
l'âge qui affoiblit celui-là, fortifie celle-ci.
Il eſt ſi doux de partager l'Empire avec
un époux qui le dirige, qu'une Reine
aimeroit mieux gouverner ſans amour,
que d'être aimée ſans Gouvernement.
Si quelque Reine a penſé différemment,
c'eſt qu'elle a plus aimé le Roi que le
Royaume.

Elle avoit aſſez de génie pour avoir part
à la grande Adminiſtration ; mais elle étoit
Autrichienne, & cela ſeul ſuffiſoit pour
l'en exclure. Depuis la grande révolution
qui a partagé l'Europe en autant de Souverainetés qu'il y a de nations, chaque Maiſon
royale s'eſt fait une politique de famille,
qui n'eſt point celle d'une autre famille,
& en laquelle le marïage lui-même ne dé-
roge point. Cette politique eſt l'intérêt
perſonnel de la maiſon dont on eſt iſſu :
politique dont on ne s'écarte jamais.

Nous avons vu de nos jours Marie-Thérèfe , en partageant le Gouvernement avec l'Empereur fon fils , s'exprimer ainfi dans l'acte de partage , *fans préjudice de nos droits.* Cette Jurifprudence perfonnelle à chaque Maifon royale naît de ce principe , que dans le Gouvernement monarchique , *la famille de l'Etat a le pas fur la famille de la Cour.*

Cette Reine , depuis fon avénement au Trône du Portugal , n'avoit vu que des fautes dans l'Adminiftration politique , qui avoient caufé de grandes révolutions. Tous les Miniftres , qui s'étoient fuccédés , n'avoient ni le génie ni la capacité qu'il faut pour gouverner un État.

Après la mort de Jean V , le Royaume étant dans le défordre & la confufion , Carvalho s'offrit pour le rétablir ; elle l'accueillit favorablement , & le préfenta au Roi Jofeph fon fils , qui en fit fon Miniftre.

Il n'eft pas vrai , comme on l'a écrit , qu'elle eut lieu de fe repentir de ce choix. Carvalho eut toujours pour elle cette déférence qu'il devoit avoir. Il la vit fouvent ; & la confulta dans plufieurs occafions ; car , quoiqu'elle n'eût pas gouverné par elle - même , elle étoit inftruite fur toutes les branches du Gouvernement. D'ailleurs la mort la furprit peu de temps après que Carvalho eut pris les rênes de l'Empire.

CHAPITRE IX.

Promotion d'Officiers, tant dans le Gouvernement militaire que dans l'Etat civil.

Pour que la Monarchie se soutienne dans sa vigueur, il faut que les Officiers soient remplacés à mesure qu'ils meurent, afin que la mort ne cause aucun vuide dans ce Gouvernement.

Une armée sans Chef, des bureaux sans Ministres, des tribunaux sans Magistrats, affoiblissent la grande Administration. Il faut toujours que les affaires de la société aient un mouvement réglé, qui ne soit ni trop lent ni trop vîte ; or, ce ne peut être que par ces Chefs, que ce mouvement est réglé.

La mort de Jean V, & les révolutions inévitables qu'elle devoit produire, n'avoit pas permis au Conseil de Lisbonne de fixer ses regards sur cette promotion, qui alors eut son plein effet.

Carvalho, avant d'entrer dans le ministère , avoit étudié le caractère de ceux qui , par leur naiſſance ou leurs talens , devoient occuper les premières charges : c'eſt toujours de ce ſoin que dépend le ſort de l'Empire. Turenne , Catinat, Colbert , Louvois donnerent à la France une élévation où elle ne fût jamais parvenue ſans ces grands hommes. Cela parut bien lorſque Chamillard & des Officiers ſans génie dirigèrent la guerre & la politique. Si on ouvre l'hiſtoire de tous les Gouvernemens de l'Europe , on trouvera que la fortune publique dépend de ce choix.

Non-ſeulement les grandes places étoient vacantes en Portugal , mais même celles du ſecond rang : ce qui cauſoit une révolution générale dans les différentes parties de l'Adminiſtration. Carvalho leur donna des Chefs , & tout rentra dans l'ordre. Il fit publier une nouvelle Ordonnance pour les troupes , qui tendoit à donner de l'émulation aux militaires qu'une longue paix avoit affoiblie , & établit des loix pour les Miniſtres politiques , civils : ce fut plutôt une légiſlation qu'une promotion. C'eſt toujours dans le temps qu'on crée des Chefs, qu'il faut établir des réglemens. Dans d'autres temps, ils ſont ſouvent dangereux; dans celui-ci, ils ſont toujours favorables. C'eſt qu'un Officier, un Miniſtre, un Magiſtrat eſt plus diſpoſé à écouter la voix de l'Ordonnance, quand il entre en place, que lorſqu'il eſt placé. La Cour ne reçoit jamais de remontrances, que des Chefs des Corps qui ſont depuis long-temps à la tête de leur Adminiſtration, au lieu que les nouveaux n'en ſont jamais : c'eſt que l'autorité n'a pas encore eu cet effet qu'elle produit ordinairement, lorſqu'elle occupe depuis long - temps une place.

CHAPITRE X.

Réglement pour augmenter la population dans les nouveaux Mondes.

DEPUIS que les Colonies font réunies à l'Etat principal, & que ces deux Corps, quoique féparés par des mers immenfes, n'en faffent qu'un, elles doivent fixer l'attention du Gouvernement. Les Comptoirs portugais en Afrique étoient dépeuplés d'habitans. Les générations, que le Portugal y avoit fait paffer à la découverte des Indes, étoient éteintes, foit que les Européens, comme les plantes, ne puffent pas réuffir dans un climat qui n'étoit pas le leur, ou que des caufes morales y contribuaffent. Les cantons de l'Ifle de Mozambique, fur - tout, étoient déferts. Cependant il étoit avantageux pour le commerce qu'ils fuffent habités. Pour encourager cette population, le Miniftre fit publier au nom

du

du Roi une Ordonnance, par laquelle on accorderoit des terres & des priviléges très-étendus aux familles qui voudroient aller fonder de nouvelles Colonies. Cet Arrêt n'excita l'émulation de personne. Depuis l'établissement du luxe, & les aises & les commodités de la vie, qui en font une suite nécessaire, les Portugais, retenus par la mollesse, craignoient la fatigue & les travaux attachés à la transmigration; il ne se présenta personne qui voulût s'expatrier volontairement. Carvalho proposa au Conseil de faire enlever indistinctement tous ceux qui, n'ayant point de fortune en Europe, pouvoient s'en procurer une en Afrique. C'étoit pourvoir à leur subsistance, & les rendre utiles l'Etat. Cette humanité passa pour une barbarie. Cependant la France & l'Angleterre en avoient usé de même pour peupler leurs Colonies, sans que les deux nations se récriassent; parce que le bien de l'Etat est la loi suprême; & qu'on ne peut pas se récrier contre

un mal particulier , qui fait un bien général.

A Londres , lorsqu'il manque des Ma-
riniers dans l'armée navale , on enlève par
force dans les rues les citoyens pour en
faire des Matelots , sans que cette violence
passe pour tyrannie ; & cependant c'est la
nation la plus libre de la terre ; & c'est parce
qu'elle est libre , qu'on permet cette violence, qui n'est exercée pour un moment sur
les particuliers , que pour rendre toute la
nation indépendante. Mais le Ministre ,
voyant que le peuple se refusoit à cette
loi , eut la modération de l'abroger. C'étoit
un bruit commun , que ce Ministre étoit
devenu absolu , & qu'il ne changeoit jamais d'opinion sur quelques branches de
l'Administration , lorsqu'il l'avoit manifesté ;
mais il fit voir , dans cette occasion , qu'il
savoit ne pas vouloir ce qu'on ne vouloit
pas. L'Isle de Mozambique dépeuplée for-
mera-t-elle un vuide dans le commerce ?
C'est ce que la postérité saura , & auquel

peut-être l'Adminiſtration d'alors ne remé-
diera pas , car les Colonies, ainſi que tous
les autres établiſſemens qui tiennent à la
population , ont leur âge ; paſſé celui-ci ,
on n'eſt plus en état de les former. C'eſt
à quoi ceux qui dirigent l'Empire ne font
pas aſſez d'attention. De-là vient que les
Etats , qui ſe font établis les premiers dans
les nouveaux mondes , faute de bras pour
les défricher , ſe font appauvris par l'endroit même qui devoit les enrichir.

CHAPITRE XI.

L'établissement de la Compagnie de Commerce du Maragnon.

ON vient de voir que, lorsqu'un Etat est fertile, abondant, que les Négocians y sont riches, il ne faut point de compagnie, parce que chacun peut faire ce qu'une Compagnie feroit : mais lorsque cela n'est pas, il faut y suppléer par le privilége qu'on accorde à un particulier, ou à des particuliers, afin qu'ils fassent eux seuls ce que beaucoup d'autres ne peuvent faire. Le commerce de Maragnon & du Grand-Para étoit dans le même cas que celui des Indes & de la Chine. Aucun Négociant n'étoit en état de l'entreprendre, faute de fonds ou de moyens, &, comme ces deux obstacles étoient insurmontables, il falloit nécessairement que ce commerce pérît. Une compagnie seule pouvoit lui donner toute l'extension dont il est susceptible ; c'est ce qui porta le Miniſtre à l'établir. Ceux qui lui ont reproché de l'avoir formée, n'ont jamais publié les raiſons qui devoient le porter à ne pas la créer. Ils ont dit qu'elle portoit préjudice au commerce : & tout a été dit. Si des paroles vagues & dénuées de fondement ſuffiſoient pour paſſer ſentence contre un homme d'Etat, il n'en eſt aucun qu'on ne jugeât ainſi en dernier reſſort. Mais quelque mécontentement qu'on témoignât alors pour cet établiſſement, qui, à ce qu'on aſſuroit, détruiſoit le commerce de l'Amérique, la Compagnie de Maragnon & du Grand-Para ſubſiſta, & ſubſiſte encore. Règle générale, lorſqu'on voit un ſyſtême de commerce paſſer d'un règne à l'autre, c'eſt une preuve qu'il eſt bon ; car s'il eût été mauvais, le ſecond Conſeil d'Etat n'auroit pas manqué de détruire ce que le premier avoit établi.

Après la mort de Joſeph Ier, ceux qui avoient un intérêt perſonnel que cette Compagnie fût éteinte, repréſentèrent vivement au nouveau Gouvernement qu'elle

étoit préjudiciable à l'Etat. La Reine
fit examiner la choſe ; & on trouva, après
un calcul exact, que ſes avantages l'em-
portoient ſur ſes déſavantages : & en conſéquence il fut ordonné que la Compagnie
exiſteroit ſur le même pied qu'elle avoit
été formée : preuve que le Miniſtre avoit
ſaiſi l'objet principal de cette navigation,
& que tous ces raiſonnemens, qu'on avoit
fait ſur ces inconvéniens, n'étoient que
des diſcours vagues, tels qu'on les fait
ordinairement ſur des objets de commerce,
qu'on n'entend pas.

CHAPITRE XII.

Contradictions à expliquer dans le caractère de Carvalho.

L'AUTEUR des Mémoires accuse ce Miniſtre d'avoir été ſi différent de lui-même, dans le cours de ſon miniſtère, qu'on pourroit croire qu'il avoit deux ames. Ç'a été de tout temps le caractère qu'on a donné aux grands hommes d'Etat, qui, ſouvent obligés de concilier les extrêmes, ſe montrent par des endroits qui ne leur reſſemblent pas, mais qui ne les caractériſent pas moins pour ce qu'ils ſont.

Il recherche d'abord avec empreſſement l'amitié de l'Eſpagne, dit l'Anonyme, *& peu d'années après il s'en déclare l'ennemi. Il commence par ſe montrer contraire aux avides prétentions des Anglois, & conclut enſuite des traités avantageux à leur*

D 4

commerce, & au bout de quelque temps les rompt. Il encourage d'abord les Arts, en-suite les laisse languir, & puis il les rétablit par de sages réglemens.

Cet homme fait, sans le savoir, l'histoire de toutes les administrations. On peut dire que, si les contradictions passoient pour des vices dans ceux qui dirigent l'Empire, il n'est point de cabinet ministériel qui ne fût vicieux. Les contradictions sont une suite nécessaire de la situation où l'on se trouve. On pourroit dire du système de l'Etat ce que l'Auteur de l'Esprit des loix dit du monde physique, *que chaque diversité est uniformité, que chaque changement est constance.*

Tout est relatif dans la politique. Comme les intérêts des Princes changent, il faut que les vues & les desseins de ceux qui dirigent l'Etat changent aussi. Depuis deux siècles, il n'y a point de Gouvernemens en Europe qui n'aient recherché l'amitié d'une certaine Puissance, & qui ensuite ne s'en foient déclarés les ennemis. C'eft que cette amitié leur étoit auffi utile dans un temps, que nuifible dans un autre. C'eft l'affaire des circonftances. Il n'y a aucun politique qui ne fache que dans les traités de commerce on cède fouvent beaucoup pour obtenir davantage. C'eft une pierre d'attente, qu'on met en avant pour élever plus haut l'édifice de l'induftrie. Il en eft de même des Arts, qu'il faut quelquefois négliger pour parvenir aux moyens de les perfectionner.

Il y a une maladie répandue en Europe, dont les gens oififs ne guériront jamais, je veux dire de faire le procès aux Mi-niftres, fans connoître leur caufe : ou, ce qui eft le même, les raifons qui les font agir dans un temps différemment de ce qu'ils ont agi dans un autre. Il faudroit pour cela avoir la clef du cabinet, ou être fur le même théâtre pour partager avec eux la fcène du monde politique. Mais malheureufement pour ces critiques, ils ne ſont ni acteurs ni ſpectateurs : car quoique ce qu'ils blâment ſe paſſe ſous leurs yeux , ils ne connoiſſent ni la cauſe ni les effets des révolutions qu'ils cenſurent ; ce qui ne fait que des paroles oiſeuſes , ou des livres inutiles.

CHAPITRE XIII.

Du Traité de l'échange de la Colonie du Saint-Sacrement.

C'EST un malheur pour un homme d'Etat qui parvient à l'Adminiſtration, d'avoir été précédé par des Miniſtres que la fortune ou la faveur a placés à la tête des affaires, ſans en avoir les talens. Les fautes qu'ils font ſont d'autant plus dangereuſes, qu'avec le temps elles deviennent ſouvent irréparables.

On a vu que le Moine, à qui Jean V avoit confié le Gouvernement, n'en connoiſſoit point les reſſorts, & qu'il ignoroit parfaitement l'avantage qu'on peut tirer des traités qui, dans tous les Etats monarchiques, ſont les nerfs de la puiſſance politique.

Le cabinet de Madrid avoit profité de la foibleſſe du Roi mourant, & de l'incapacité de ſon Miniſtre, pour faire l'échange des peuplades du Paraguay avec la Colonie du Saint-Sacrement qui étoit entièrement en faveur de l'Eſpagne, traité qui, une fois établi, devoit avoir lieu en ſon entier.

Les faiſeurs de livres reprochent à ce Miniſtre de n'avoir pu remettre les choſes ſur l'ancien pied, & d'avoir conſommé des ſommes conſidérables & de longues négociations ſans y réuſſir. Mais qui ne ſait qu'il eſt plus facile de faire un traité, qu'il n'eſt aiſé de le détruire, ſur - tout lorſque les deux cabinets ſe ſont accordés ſur les points principaux, & que les intérêts relatifs y ont trouvé ou ont crû y trouver leur avantage.

On ſait qu'un particulier (1) donna naiſſance à cette révolution qui a cauſé des maux infinis dans le nouveau Monde. Une idée chimérique l'enfanta, & l'Eſpagne & le Portugal l'adoptèrent. Ce n'eſt pas la pre-

---

(1) Gomès Peraira, Portugais.

mière fois que les Cours ont été la dupe des faiseurs de projets , ces hommes intrigans qui , n'ayant point de fortune , cherchent à s'en donner une aux dépens des Etats , sans s'embarrasser du mal qui en résulte.

Cet homme imagina que dans le Pataguay il y avoit un grand nombre de mines d'or ; & parce qu'il le crut , il porta la Cour de Lisbonne à le croire comme lui. Avant de rien proposer à celle d'Espagne , on auroit dû envoyer des émissaires sur les lieux , pour examiner l'état des choses ; c'est ce qu'on ne fit point. L'avarice prévint toutes les précautions qu'on auroit dû prendre sur une affaire de cette importance. Un nouveau fleuve d'or qu'on supposoit devoir couler de cette nouvelle source , échauffa les esprits & enflamma les imaginations : on ne vit que les mines. Le Ministère Portugais se précipita lui même au-devant de cette idée chimérique , en la proposant lui-même au cabinet de Madrid , qui la trouva trop avantageuse pour ne pas l'accepter avec empreſſement. S'il y a des coups d'Etat qui ne réuſſiſſent qu'après de longues négociations, il en eſt d'autres qui ſe préſentent d'eux-mêmes, & qui ne coûtent d'autre peine que celle de ſigner au bas d'un papier. Il eſt triſte pour les affaires de ce monde, que le haſard, le caprice, ou de fauſſes combinaiſons décident du bonheur ou du malheur des peuples.

L'Eſpagne cédoit un terrein ſtérile qui lui étoit à charge, & en acquéroit un très-fertile.

Le traité ayant été conclu, on chargea de l'exécution deux Commiſſaires, l'un pour le Portugal, l'autre pour l'Eſpagne. On étoit d'abord convenu que les habitans du Paraguay ne quitteroient point leur pays, mais paſſeroient ſeulement ſous la domination du Portugal. Les Sauvages, qui n'avoient d'autres maîtres que les Jéſuites, furent fort étonnés qu'on vouloit leur en donner un qu'ils ne connoiſſoient pas ; car l'Eſpagne, qui juſques-là avoit paſſé pour avoir la domination du Paraguay, n'en avoit que le nom. Ces Pères ont prétendu ſe juſtifier dans le monde par la douceur & la juſtice qu'ils avoient employées pour acquérir l'Empire ; mais tout Gouvernement uſurpé eſt injuſte. Les meilleures loix des tyrans ſont tyranniques ; & on peut appeller de ce nom celles qui ne ſont pas fondées ſur le droit de ſouveraineté. Il n'eſt pas queſtion de ſavoir ſi les ſujets ſont mal, mais s'il eſt permis à quelqu'homme ou à quelque corps que ce ſoit, de leur donner le moyen d'être mieux. Voilà le nœud gordien de l'uſurpation. On ſait aſſez que tous les nouveaux Deſpotes cherchent à adoucir les Gouvernemens qu'ils uſurpent ; c'eſt chez eux une loi fondamentale, parce que c'eſt la ſeule qui puiſſe leur frayer le chemin à la domination.

Le Portugal voyant qu'il ne gouverneroit jamais les peuples du Paraguay, tandis qu'ils habiteroient un pays ſur lequel les Miſſionnaires avoient pris un empire abſolu, réſolut d'en tranſplanter les habitans. Cette tranſmigration des hommes, qui a donné occaſion à tant de bons & de mauvais écrits, n'eſt point nouvelle dans l'Hiſtoire du monde : elle a ſouvent ſuivi les loix de cette économie des hommes qui eſt néceſſaire aux vues de l'Etat principal. Plus de trente mille Eſpagnols ont quitté l'ancien Monde pour habiter le nouveau. Autant de François ont paſſé aux Indes & à l'Amérique. Quelqu'Auteur politique a-t-il péroriſé ſur cette émigration ? M. l'Abbé Raynal, qui veut juſtifier les cris de ces peuplades, les fait parler ainſi :

« De quel droit, fait-il dire aux Sauvages,
» les Eſpagnols & les Portugais préten-
» dent-ils nous chaſſer de ces terres cul-
» tivées par nos mains, & arroſées de nos
» ſueurs ; de ces terres que nous ne tenons
» pas d'eux, mais de nos ancêtres qui les ont
» toujours poſſédées ? Si nous avons embraſ-
» ſé le Chriſtianiſme, ſi nous avons conſenti
» à devenir tributaires du Roi d'Eſpagne,
» ce n'a été que ſous la condition qu'il nous
» laiſſeroit

» laisseroit vivre paisiblement dans notre
» patrie, & qu'il nous défendroit contre
» nos ennemis, &c. &c. ».

On peut regarder ce raisonnement plutôt comme un texte moral, que comme
un système politique; système qui l'emporte
souvent sur la loi civile. Cela dépend des
circonstances où l'on se trouve, & des
moyens qu'on est obligé d'employer pour
parvenir à ses fins.

Si les Sauvages du Paraguay montroient
de la répugnance pour vivre sous une
autre domination & sous un autre ciel,
c'est que leurs Directeurs la leur inspi-
roient.

On éprouva dans la Colonie du Saint-
Sactement la même désobéissance. Les habitans ne voulurent pas reconnoître le
Roi d'Espagne pour leur Souverain; il
fallut avoir recours aux armes. Quatre
mille hommes entrèrent dans l'Uragay par
différens côtés. On s'étoit flatté qu'avec
des troupes aguerries, on parviendroit à
vaincre les Indiens: mais la persuasion l'em-

porta fur la force ; l'efprit jéfuitique les animoit : & on fait ce que peut l'enthoufiafme fur des hommes fimples. Ils ne pouvoient obéir aux Rois fans défobéir à leurs Pères : car c'eft ainfi qu'ils appelloient ces Miffionnaires , qui les confeilloient & les animoient fecrétement. D'ailleurs, les Efpagnols & les Portugais manquèrent de vivres. A cette difette , fe joignit une maladie épidémique , qui fit mourir beaucoup d'hommes. Ce premier échec ne découragea pas le Miniftre Portugais.

CHAPITRE XIV.

Carvalho engage le Roi à envoyer son frère François-Xavier dans le Maragnon, en qualité de Gouverneur ou de Capitaine Général.

CE qui gâte la plupart des affaires d'un Etat, est le peu d'union qu'il y a entre ceux qui le dirigent. Cela vient de ce que chacun a sa manière de voir, qui est aussi différente que celle de l'air du visage. Horace, en voulant décrire cette différence, a dit : *autant d'hommes, autant de sentimens différens.* On pourroit dire dans le même sens : *autant de Ministres, autant d'Administrations différentes.* C'est de cette désunion des gens en place, que naissent ces révolutions qui changent le sort des nations. On s'est souvent plaint, que dans les Monarchies il n'y a point d'école ministérielle ; mais à quoi serviroit cette école dans un

Gouvernement où le Conseil suprême est composé d'hommes dont les idées sont presque toujours diamétralement opposées les unes aux autres ?

Pour éviter cet inconvénient, Carvalho confie les affaires du nouveau Monde à un autre lui-même ; il engage le Roi à nommer son frère Capitaine-Général, ou Gouverneur du Maragnon.

Comme il faut qu'il agisse militairement, il lui fait donner un corps de troupes, avec un plein pouvoir de régler les limites des deux Couronnes en Amérique, selon le plan du traité précédemment conclu avec l'Espagne. Et, afin d'exciter en lui cette émulation, qui est la source des grandes actions, ce Prince lui fait présent d'une tente magnifique, qui étoit pour lui d'autant plus précieuse, qu'il la recevoit de la main même de son maître.

Carvalho, dans plusieurs conférences particulières qu'il eut avec son frère, l'instruisit du plan & du dessein de son voyage. Quoique l'expédition du Gouverneur fût militaire, il étoit bien moins question de batailles, que de médiation pour prévenir la révolte des Indiens. Ses instructions particulières portoient sur une connoissance exacte de l'état des choses, avant d'en venir aux mains.

Il partit de Lisbonne, le 2 Juillet 1753, avec une escadre & plusieurs bâtimens de transport chargés de munitions & de soldats.

Son premier soin, en arrivant dans le nouveau Monde, fut de chercher la cause de cette antipathie que les Sauvages avoient de changer de maître. Il arrive rarement que des hommes errans, qui n'ont point de demeure déterminée, qui vivent de la chasse ou de la pêche, prennent du goût ou du dégoût pour un Souverain qui est à deux mille lieues de leur pays, & dont à peine ils connoissent le nom, plutôt que pour un autre qu'ils ne connoissent pas mieux. D'ailleurs, l'idée qu'ils se font de la liberté, les empêche de se fixer en aucun pays; car ils se croiroient esclaves de la terre, ſi on les obligeoit à en habiter une partie.

La Cour de Lisbonne avoit toujours ſoupçonné avec fondement, que cette ré-volution tiroit ſa ſource des miſſionnaires, qui s'étoient plus appliqués à compoſer une République de ſujets, qu'à former une ſociété de Chrétiens; mais, quoiqu'il eût paru beaucoup de livres à ce ſujet, qui démontroient la domination jéſuitique dans cette partie du monde, on n'en avoit qu'une certitude morale. Le frère de Carvalho découvrit que tout ce qu'on avoit publié à ce ſujet, étoit fondé ſur des principes; que les Miſſionnaires du Paraguay s'étoient faits Souverains; qu'au milieu de ces Sau-vages, devenus leurs ſujets, ils avoient un cabinet, une politique, un ſyſtême de Gouvernement; qu'ils avoient créé des loix, formé une conſtitution, & que, ſous le prétexte ſpécieux de la domination du Ciel, ils avoient uſurpé celle de la terre. En effet, les Jéſuites dominoient au Paraguay, malgré la Puiſſance de l'Eſpagne

& celle du Portugal, qui avoient envoyé des troupes dans le nouveau Monde pour reprendre l'Empire que ces Prêtres avoient ufurpé. C'étoit la première fois, depuis l'établiffement de la Religion chrétienne, qu'on vit deux Rois lever chacun une armée pour combattre une Miffion. La poftérité aura de la peine à croire, que l'Evangile ait fervi lui-même de prétexte à une guerre qui devoit faire verfer le fang humain. Peut-être n'y a-t-il point d'exemple plus propre à faire connoître l'homme toujours occupé de lui-même, toujours rempli de deffeins ambitieux, que celui du Paraguay. Ce n'étoit point des Céfars, ce n'étoit point des Cromwels qui ufurpoient la Couronne ; c'étoit des Evangéliftes qui fe faifoient Rois.

Toutes les dépêches des nouveaux Mondes confirmoient la domination jéfuitique. Le Gouverneur du Maragnon & du Paraguay s'exprimoit ainfi au premier Miniftre : « Je ne puis point venir à bout de » réprimer ces Peres : leur politique fine

» & adroite l'emporte sur mes soins & la
» force des troupes. Ils ont donné aux
» Sauvages des mœurs & des coutumes
» qui les attachent à eux inviolablement.
» Telle est la forme des maximes qu'ils leur
» ont gravées dans le cœur, que ces peuples
» aimeroient mieux mourir, que de chan-
» ger de domination. Ils ne leur disent pas
» ouvertement que les Rois d'Espagne &
» du Portugal sont des tyrans ; mais ils leur
» insinuent adroitement, que ce sont de
» mauvais Maîtres, dont ils ne seroient pas
» plutôt les sujets, qu'ils deviendroient
» leurs esclaves. Avec de telles préven-
» tions, on ne doit pas se flatter de les
» soumettre, à moins que de ne soumettre
» leurs vainqueurs. Le premier coup doit
» se frapper en Europe. Il faut détruire la
» confiance que le Roi de Portugal a en eux,
» pour établir celle que les Sauvages doi-
» vent avoir en nous, &c. ».

L'Ordre de Loyala avoit pour maxime,
l'union de la Société générale avec tous
ses membres particuliers. En effet, c'est

de cette correspondance que dépend la force d'un corps, soit politique, soit moral.

La résidence de ces Pères à la Cour de Lisbonne, la chaire dont ils étoient en possession, la morale qu'ils prêchoient, la confession, la direction, les retraites, les rendoient les maîtres de la conscience des Princes & de celle des sujets ; ce qui leur donnoit un ascendant général.

Joseph Ier convaincu par son Ministre de la conduite des Jésuites dans l'Amérique, & de leur intrigue en Europe, renvoya de sa Cour les Confesseurs & les autres Pères qui y étoient attachés par d'autres emplois ; mais comme il falloit convaincre le Public de leur malversation, & que cette première disgrace, aux yeux du Portugal & de la Cour de Rome, devoit avoir une cause, Carvalho fit publier un Ecrit, qui avoit pour titre : *Précis de la conduite & des dernières actions des Jésuites au Paraguay, & de leurs intrigues à la Cour de Lisbonne.*

Cependant nous laisserons, pour quelques momens, ces détails jésuitiques, afin de passer à deux grands événemens qui changèrent le sort du Portugal. L'un tire sa source de la colère de Dieu, & l'autre de la méchanceté des hommes.

LIVRE VI.

CHAPITRE PREMIER.

Tremblement de Terre de Lisbonne.

LE Portugal commençoit à paroître sous un nouveau génie, lorsqu'un phénomène affreux changea de nouveau la fortune de cette Monarchie.

La terre s'ouvre. Lisbonne est engloutie avec ses habitans. Un bruit souterrein annonce une révolution dans la nature. Les Palais s'ébranlent; dans un moment ils sont renversés les uns sur les autres. L'écroulement de tant d'édifices cause un second phénomène; le soleil s'obscurcit; un nuage de poussière forme une nuit obscure, qui ne laisse d'autre lumière sur la terre, que celle qu'il faut pour éclairer le plus triste de tous les jours. Les trésors de la

Couronne font enfouis : les richeſſes du Prince périſſent avec celles des ſujets. L'or & l'argent rentrent dans les entrailles de la terre d'où l'avarice les a tirés. L'induſtrie eſt anéantie ; les arts ne ſont plus rien ; une ſecouſſe de terre détruit en deux minutes les travaux de dix ſiécles. Les Temples ſont renverſés, les voûtes ſe ſéparent, & dans leur chûte écraſent des milliers de Fidèles qui aſſiſtoient au Service divin. Les ſépulcres ſont enfoncés ; une foule de vivans ſont enſevelis avec les morts ; des cris perçans ſe font entendre dans les airs ; une terreur panique s'empare des eſprits ; ceux qui ont échappé à une première ruine, craignent de ſuccomber ſous une autre. Il n'y a plus de parenté, plus de ſang, plus d'amitié. La crainte de la mort éteint toute autre crainte. On ſe rencontre ſans ſe connoître, on ſe heurte ſans ſe voir, on s'approche ſans ſe parler, & on ne ſort de ce premier étonnement que pour ſe demander les uns aux autres s'il n'y a plus de ciel, s'il n'y a plus de terre , fi tout eft confondu dans la nature ? Le rang & la nobleffe ne changent rien au deftin des humains ; le grand eft confondu avec le petit , le riche avec le pauvre : la mort frappe indifféremment les mortels ; l'époufe périt dans les bras de l'époux ; le fils eft écrafé à côté du père ; l'enfant fuccombe dans le fein de fa mère. Lisbonne n'eft qu'un tas de ruines : les rues font jonchées de cadavres. Ici on voit les membres féparés de leur corps ; là, des corps qui n'ont point de membres : dans cet endroit eft une femme qui pouffe le dernier foupir, dans cet autre eft un homme qui rend l'ame.

Il femble que tous les élémens confpirent à la fois la ruine de cette ville infortunée ; le feu achève de confumer ce qui a échappé au tremblement de terre. La mer , fortant de fon lit , s'élance pour engloutir ce qui refte d'habitans. La nuit, qui furvient à la fin de ce déplorable jour, ne fert qu'à le rendre plus terrible. On fe retire précipitament fur une montagne : le trouble & la confusion régnent de toutes parts. C'est sur ce dernier théâtre d'horreur & de pitié que se passe la scène la plus touchante. Revenue du premier étonnement, la nature reprend ses droits, l'épouse cherche son époux, la mère appelle son enfant, le fils demande son père. A la première scène muette, succèdent les pleurs & les gémissemens. La société qui reste s'afflige pour celle qui n'est plus ; &, comme si l'infortune n'eût pas été complette, & qu'il eût resté encore quelques peines à éprouver, les chagrins domestiques viennent accabler les infortunés qui ont échappé à tant de maux.

Ceux qui commandoient le jour auparavant, ne trouvent personne qui leur obéisse. L'âge de Saturne est revenu à Lisbonne ; il n'y a plus ni maîtres ni valets. De toutes les conditions, la plus affreuse est celle de l'égalité, lorsqu'elle naît d'une révolution subite. C'est alors qu'on souffre tous les inconvéniens attachés à la vie du sauvage, sans éprouver aucun de ses avantages.

Dans cette nouvelle fituation, on compare fon état préfent à celui qu'on vient de perdre. Les réflexions viennent noyer dans les pleurs la jouiffance d'une vie qu'on n'a penfé d'abord qu'à fauver. On fe reproche d'avoir fui la mort, qui eût terminé une fi trifte vie. Le défefpoir s'empare des efprits : on ne craint plus rien; on cherche de nouveaux périls. Dans cet état déplorable, il ne refte d'autre confolation que l'efpoir d'une nouvelle fecouffe qui achève d'anéantir ce qui a échappé aux premières. C'eft ainfi que dans les maux extrêmes on ne trouve d'autre confolation que dans cet inftant fatal, qui doit y mettre fin par une dernière cataftrophe.

Cette fociété errante, abandonnée à elle-même, fe trouve fans loix, fans forme de Gouvernement. Il n'y a plus de Roi, plus de Trône, plus d'Adminiftration. On fe conduit au hafard ; la République eft abandonnée à elle-même ; Carvalho eft le feul qui veille fur elle. L'imagination eft effrayée, en voyant les remèdes qu'il ap-

porte à tant de maux. Il n'eſt pas queſtion de rétablir quelques parties de l'Adminiſtration , mais d'en former une nouvelle. Miniſtres , hommes d'Etat , qui , dans
le ſein de la paix & de la tranquillité générale , êtes accablés ſous le poids des
affaires publiques ; vous qui , pour arrêter
quelques déſordres de la ſociété , paſſez
les jours & paſſez les nuits à imaginer des
remèdes , voyez un mortel ſe roidir ſeul
contre tous les élémens , créer une nouvelle Monarchie ſur les débris de l'ancienne,
donner une ſeconde inſtitution à un peuple errant , pourvoir à ſa ſubſiſtance , habiller des hommes preſque nuds , prévenir la corruption dans une Société qui ,
n'ayant plus de loix , ſe croit en droit de
n'avoir plus de mœurs , rétablir l'ordre dans
un temps de déſordre. Il n'eſt pas donné
à l'eſprit humain de porter plus loin le
génie légiſlatif.

Carvalho donne ordre aux Provinces ,
qui n'ont pas ſouffert , d'aſſiſter celles qui
ſouffrent. Il envoie des couriers dans toutes

les

les Cours de l'Europe pour leur expoſer cette déſolation. Il faut rendre juſtice à l'humanité de notre ſiècle, à nos mœurs, à notre religion plus reprimante & moins barbare que celle des payens. Cette Monarchie reçut des ſecours de différentes nations. Les cabinets mêmes qui avoient le plus d'intérêt à voir affoiblir le Portugal, furent les premiers à le ſecourir. Pour le coup, les maximes politiques cédèrent aux loix de l'Evangile. Les Portugais, qui étoient ſans nourriture furent nourris, ceux qui étoient ſans habits, furent habillés. Ces peuples errans & infortunés, qui avoient d'abord été privés de tout, commencèrent à ne manquer de rien.

Preſque tout le Clergé a péri. Le premier Siège épiſcopal eſt renverſé; les Egliſes n'ont plus de Miniſtres; la plupart ſont reſtés enſevelis ſous les ruines des autels. Ceux qui ont échappé au trépas errans, & fugitifs, ſont confondus avec ces même Fidèles, dont un jour auparavant ils étoient les Paſteurs. L'Office divin eſt interrompu, les Sacremens ne font point adminiftrés : il n'y a point de prières publiques ; la Religion , ce grand frein qui contient les hommes, eft fans vigueur. La volupté fait naître des defirs d'autant plus ardens, que les occafions font prochaines. Des filles & des femmes à moitié nues fe trouvent à côté des hommes à peine couverts. La nature , qui eft vis-à-vis d'elle-même , fe livre à une licence effrenée : la pudeur eft ôtée à la vertu , & la modeftie à la chafteté. Cependant la cupidité gagne : elle fe fait jour à travers les horreurs de la mort : ainfi les peuples de Sodôme & Gomorhe confervent des defirs impudiques au milieu des flammes qui les confument.

Pendant cette calamité générale , les portes des maifons religieufes font ouvertes, l'incendie a forcé les cloîtres , le célibat a rompu fes chaînes. Des Vierges , confacrées à Dieu , féparées du monde , fe trouvent tout d'un coup au milieu des hommes. Elles prennent bientôt du goût pour une vie indépendante qui les fouftrait à l'obéiſſance & à la rigidité de leurs régles. Elles oublient ce à quoi leurs vues les engagent ; ce qu'elles doivent à Dieu & à elles-mêmes, &c. &c. Voilà quelques traits d'un tableau dont les figures ſe conſerveront long-temps dans l'hiſtoire de l'Europe.

Lorſque l'on conſidère les maux qu'éprouve le Portugal, & les remèdes que Carvalho emploie pour prévenir la ruine totale de ce peuple, on trouve que ce n'eſt point un Miniſtre qui rétablit l'ancien Etat civil, mais un Légiſlateur qui fonde un nouvel Empire. On ſait les travaux de ceux qui ont jetté les premiers fondemens des Sociétés politiques. L'hiſtoire les met avec raiſon au rang des plus grands génies. Cependant on peut dire, ſans faire tort à leur gloire, que la nature en a fait les plus grands frais. Pen, qui, dans nos temps modernes, paſſe pour un Licurgue, en fondant une Colonie à laquelle il a donné des loix, eſt peut-être inférieur ici à Carvalho. On peut regarder les ſauvages épars dans des bois, comme

F 2

des enfans qu'il eſt aiſé de raſſembler : mais lorſqu'il faut réunir des hommes faits , qui ont déjà goûté les aiſes & les commodités attachées à la Société ; qu'il faut vaincre des préjugés déjà formés , & rétablir la ſubordination parmi ceux qui ont goûté les plaiſirs de l'indépendance , ne fût - ce que pour quelques jours ; lorſqu'il faut ranimer l'induſtrie dans des ames abattues par un phénomène effrayant , lorſqu'il faut renouveller des Arts que des Artiſtes ont abandonné comme par un décret exprès du Ciel ; en un mot , lorſqu'il faut retirer une Monarchie d'un abîme où un événement extraordinaire l'a plongé , pour y rétablir l'ordre dans toutes les branches de l'Adminiſtration politique , civile & économique , cela ne peut ſe faire que par des ſoins , des peines , & un génie ſupérieur , qui ſe prête à tout , qui ſupplée à tout , & réunit tout. Le travail eſt d'autant plus grand , que chacun refuſe à s'y prêter.

A peine le Miniſtre a-t-il prévenu tant

de maux, qu'il s'en préfente un autre plus terrible. Des milliers de Citoyens, qui ont perdu leur fortune, fe trouvent fans ref-fource, ce qui peuple la Monarchie de voleurs, à qui la néceffité met les armes à la main. Carvalho affifte ceux qui n'ont pas de quoi vivre, & fait vivre ceux qui n'ont pas de quoi fubfifter. Il occupe les Artiftes qui n'ont rien, & punit ceux qui ne veulent rien faire. Il établit une juftice rigide qui corrige le mal dans fa fource, ce qui rétablit l'ordre & la paix au milieu du trouble & de la confufion. C'eft ainfi qu'un Général habile prévient les maux qui naiffent dans une grande déroute.

CHAPITRE II.

Carvalho eft nommé premier Miniftre.

UN grand génie, fait pour diriger l'Empire, ne doit point gouverner en fecond, fa place eft au premier rang. L'homme d'Etat ne fait jamais bien que ce qu'il fait feul; lorfqu'il doit déférer à l'avis d'un autre, fon efprit fe rétrécit. Si on avoit donné un collégue à Richelieu, la France n'eût point eu de Richelieu. C'eft parce qu'il put donner l'effor à fon génie, qu'il en montra un fublime.

C'eft une remarque de l'hiftoire, que deux Généraux, à commandement égal à la guerre, n'ont jamais remporté de victoire complette. On peut dire le même de deux Miniftres qui n'ont jamais fait de grandes chofes, lorfque l'autorité a été partagée. Un Capitaine, qui, dans une action, fent que l'affaire roule fur lui, en eft bien plus actif. Un homme d'Etat , qui est responsable à toute la nation de son ministère , en est bien plus vigilant. C'est cette émulation personnelle qui a donné aux Gouvernemens de l'Europe tant d'habiles Généraux & de grands Ministres. Mais, dira-t-on , un homme d'Etat , à qui on donne une autorité sans borne , devient despote. Armand gouverna en Roi la France & Louis XIII. Le Cardinal de Fleury eut le même ascendant sur Louis XV.

Il est vrai que cette autorité illimitée , que l'on donne à un premier Ministre , est le grand inconvénient du Gouvernement monarchique : mais toutes choses égales d'ailleurs , il vaut encore mieux un despote , que plusieurs : car , quoique l'homme soit avide de richesses, de rangs, de distinctions, il est plus aisé de satisfaire l'ambition d'un seul , que celle de deux. Quel mal ne font pas plusieurs hommes en place , qui se partagent l'autorité suprême : chacun cherche à en usurper le plus qu'il peut ; & c'est dans cette division , qu'est ordinairement la tyrannie ministérielle. Il y a une mesure de pouvoir dans la Monarchie, qu'un premier Agent ne sauroit passer sans détruire l'ordre des choses, & c'est cet ordre que le Ministre ne veut point changer, parce que c'est de lui qu'il tire son pouvoir.

Lorsque cette autorité absolue tombe entre les mains d'un citoyen, elle est plus utile à l'Etat, qu'elle ne lui est nuisible. La France devint très-puissante sous le Gouvernement de Richelieu, & ne fut jamais plus riche que sous l'Administration de Fleury. Depuis ces deux hommes d'Etat, le partage que la France a fait de l'autorité absolue en plusieurs Ministres l'a exposée à de grandes vicissitudes; ce qui prouve, comme on vient de le dire, que le despotisme d'un seul est moins dangereux que celui de plusieurs. Carvalho, devenu premier Ministre, prit les rênes de l'Empire, qu'il n'avoit gouverné qu'en partie : car, quoique le Roi eût eu une entière confiance en lui, il n'avoit pas déplacé les hommes d'Etat, qu'à son avénement au Trône, il

avoit trouvés en place. Pierre de Motta,
qui avoit dirigé la première Adminiſtration,
avoit laiſſé en mourant le Royaume dans
le même état de trouble & de confuſion,
où il l'avoit trouvé ſous le régne précédent.
Ce Miniſtre, qui ne manquoit pas de lumières, n'avoit pas le génie de cette Adminiſtration, qui, dans un état corrompu,
n'eſt autre choſe que celui de réforme. Il
s'appliquoit beaucoup, mais ſon travail ne
contribuoit en rien au bien de l'Etat. Il
avoit la manie de la plupart des Miniſtres
qui imaginent, parce qu'ils expédient beaucoup, qu'ils travaillent beaucoup.

Mais ſi un premier Miniſtre doit avoir
une autorité abſolue, indépendante, il faut
qu'il ait auprès de lui des Agens éclairés,
en état d'agir en ſous ordre. Carvalho engagea le Roi à nommer à la place qu'il
venoit de quitter, Dom Louis d'Acugna,
dont la capacité & les talens lui étoient
connus. Ces deux Miniſtres dirigèrent l'Empire avec cet eſprit d'union, qui eſt l'ame

de l'Adminiſtration. Par une fatalité attachée aux Cours modernes , un Miniſtre
ſubalterne n'eſt pas plutôt en place , qu'il
ſe déclare contre celui qui lui eſt ſupérieur,
il le croiſe dans ſes vues & dans ſes deſſeins ; la zizanie s'en mêle , & le Gouvernement en ſouffre. Il faudroit que les
hommes d'Etat ſe miſſent au-deſſus de ces
petiteſſes ; mais malheureuſement ce ſont
ces petiteſſes qui font parvenir à la place
de Miniſtre d'Etat.

Les premiers ſoins de celui qui dirige
l'Empire ſont de chercher à rétablir l'ordre
public ; ſans lui , les meilleures loix ſont
inutiles. Depuis le tremblement de terre,
les vols étoient devenus ſi communs, qu'on
s'étoit accoutumé à les regarder comme un
mal néceſſaire. Les particuliers de Lisbonne,
un peu à leur aiſe , étoient obligés de faire
garder leurs maiſons en plein jour par des
gens armés. Les Egliſes éprouvoient le
même brigandage. On en enlevoit juſqu'aux
vaſes ſacrés. Les vagabonds pouſſèrent leur

fureur jusqu'à vouloir mettre le feu à la ville.

La Police avoit bien voulu corriger ces abus, mais elle ne l'avoit pas affez voulu. Quelques fentences de mort contre les voleurs n'avoient fait qu'augmenter le nombre des vols. Carvalho ordonna des gibets aux environs de Lisbonne, où il fit attacher deux cents cadavres : fpectacle qui faifoit frémir. Les ennemis de ce Miniftre ont rapporté ce trait comme étant l'effet d'une cruauté inouie; mais qui ne fait qu'aux maux extrêmes, il faut des remèdes violens. Pour les convaincre d'avoir paffé les bornes de la Jurifprudence criminelle, on a cité Montefquieu qui, dans fon livre des loix, fait l'éloge de la modération des peines : mais ce Philofophe parle d'un Gouvernement tranquille, & non pas d'un Etat tumultueux qui vient d'éprouver une crife qui a ouvert la porte à toutes fortes de crimes. Il eft trifte d'employer un pareil remède, mais lorfqu'il n'y en a point d'autre, c'eft le meilleur. Règle générale , en fait de loix pénales , tout ce qui arrête la cruauté, eft humanité.

Quoi qu'il en foit , cet exemple infpira une terreur univerfelle. D'abord , il y eut moins de vols , & bientôt il n'y en eut plus.

A peine cette rigueur eut-elle arrêté ces fuccès , que la famine menaça de la mort le refte de ce peuple infortuné ; l'hiftoire ne dit point qu'aucune nation ait éprouvé tant de maux à la fois. Le Miniftre paya encore ici de fa perfonne. Il fit ouvrir greniers d'abondance : on le vit faire diftribuer de la farine aux boulangers & aux citoyens qui manquoient de pain. Ses foins allèrent plus loin , il établit l'ordre au milieu de cette confufion qui naît ordinairement de l'empreffement où chacun eft de fe pourvoir d'un befoin dont il ne peut pas fe paffer. Cette difette ne manqua pas d'exciter de nouveaux murmures contre lui : car tel eft le fort des Miniftres , qu'on les rend refponfables des calamités publiques qui ne font pas de leur reſſort : car , dans le fond , cet approviſionnement étoit l'affaire du Gou‑ vernement municipal ; & ſi Carvalho s'y prêta , c'eſt qu'après l'affreux phénomène qui avoit inſpiré par-tout l'épouvante & la terreur , tous les bureaux , qui formoient la grande Adminiſtration , étoient tombés dans une ſorte d'anéantiſſement qui met‑ toit l'Etat politique en danger.

On a encore beaucoup parlé d'un autre acte de juſtice qui , pour être plus terri‑ ble , n'en étoit pas moins équitable , parce que la néceſſité l'exigeoit. Le Miniſtre or‑ donna aux patrouilles d'arrêter les vaga‑ bonds & les gens ſans aveu qu'elles trou‑ veroient dans les rues à des heures in‑ duës , & de les punir ſur le champ , ſans leur faire le procès ; mais il n'eſt pas vrai , comme le diſent les Mémoires , qu'ils avoient ordre de les pendre ſans formalité de Juſtice.

Il n'eſt aucun cas où un homme doive ſubir la mort ſans l'intervention des Loix.

Les peines correctionnelles., pour les délits ordinaires, font du reſſort de la Juſtice diſtributive; celles de la mort tiennent à la légiſlation. Il ſuffit d'un ſeul Magiſtrat pour celles-là, au lieu qu'il en faut pluſieurs dans celles-ci.

CHAPITRE III.

D'une Loi de Joseph I, pour prévenir la licence de ceux qui parloient indiscretement contre le Gouvernement & les Ministres.

Dans l'Etat Républicain, les écrits ou discours audacieux contre le Sénat sont peu à craindre, parce que la constitution en prévient les mauvais effets ; mais ils sont plus dangereux dans l'Etat Monarchique, parce qu'ils détruisent la subordination, qui est l'ame de ce Gouvernement. En Angleterre, où la République se cache sous la forme de la Monarchie, on dit, & l'on écrit tout ce que la constitution ne défend pas de dire ou d'écrire : ainsi un citoyen publie hardiment que le Prince s'est trompé, ou que le Sénat a pris le change dans une affaire qui intéresse la nation, & qu'en conséquence il en peut réſulter tel ou tel abus, & en conſéquence auſſi, on change ſouvent de délibération. C'eſt de cette liberté que naiſſent la cabale & l'eſprit de parti, eſprit qui va toujours au-delà des bornes que la modération preſcrit à un citoyen ; mais c'eſt un inconvénient particulier, qui diſparoît devant l'utilité générale qu'il procure. Il n'en va pas ainſi dans le Gouvernement d'un ſeul, où il ſe trouve rarement des gens qui prennent part au bien de l'Etat, & qui ne cherchent au contraire qu'à le tourner en dériſion. Voyez dans les Monarchies ceux qui parlent ou écrivent ſur les Gouvernemens. Pour l'ordinaire, ce ſont des gens oiſifs, livrés au menſonge & à la calomnie, qui ſe font un métier de la ſatyre ; des êtres iſolés, ſans biens, ſans amis, ſans fortune, & qui n'ayant d'autre patrimoine que celui de la méchanceté, cherchent à le faire valoir aux dépens de la crédulité publique. Le mal eſt, que dans les Monarchies, les paroles indiſcretes & les écrits licencieux contre le Gouvernement,

diminuent

diminuent l'amour qu'on doit avoir pour le Prince, & inspirent une sorte de mépris pour les Ministres. Cet Etat est fondé sur le modèle d'une famille particulière. Voilà le Gouvernement Monarchique, qui est la famille des familles.

Les Portugais étoient plus enclins à cette licence qu'aucun autre peuple de l'Europe. Depuis la grande révolution qui avoit placé le Duc de Bragance sur le Trône, ils n'avoient pu s'accoutumer à lui être fidèles. C'est que lorsqu'une fois les sujets ont fait un Roi, ils se croient au-dessus du Roi : ils avoient sur-tout une aversion contre celui à qui le Prince donnoit sa confiance ; ils aimoient moins le Monarque, qu'ils ne haïssoient le Ministre. Il falloit un Roi absolu, pour mettre un frein à une licence qui pouvoit devenir funeste, & qui étoit d'autant plus dangereuse, qu'elle se cachoit, & que ses auteurs, en portant le coup, retiroient la main. A cet effet, Joseph Ier fit publier un Edit, par lequel il promettoit une récom-

penfe de cinquante mille livres à celui qui
dénonceroit quelqu'un qui auroit mal parlé
du Gouvernement actuel , ou qui cherchoient à nuire aux perfonnes employées
dans le Miniftère.

On voit par cette Ordonnance , que ce
Prince cherchoit à mettre fon Miniftre
à couvert de cette perfécution populaire,
qui , dans tous les âges , a perfécuté les
grands hommes , fur-tout ceux qui ont
voulu faire de grandes réformes.

Nous pafferons fous filence plufieurs
Ecrits & Ordonnances qui furent donnés
dans ces temps-là , pour paffer à un événement qui méritoit la plus grande attention du Miniftère.

CHAPITRE II.

La révolution de Porto.

ELLE fera à jamais mémorable dans les
Annales du Portugal, tant pour le nombre
des fujets qui fe révoltèrent contre le
Gouvernement, que pour ceux qui furent
punis pour avoir eu part à la révolte. Ce
qui donna fujet à cet événement, fut la
Compagnie connue fous le nom de *Compagnie des vins de Porto.* Il eft étonnant
que tant de gens aient parlé de cette Compagnie fans l'avoir connue, & qu'on en
ait donné la faute à Carvalho, parce qu'il
l'avoit établie.

D'abord, dans l'ordre des chofes, même
de celles que l'ambition dirige, il n'eft
pas naturel qu'un Miniftre commette une
faute capitale, fans autre deffein que celui de la commettre, d'autant plus que

celles d'Etat ont ce défavantage, qu'elles ne tardent pas à montrer ce qu'elles font, parce que trop de gens font intéreffés à les dévoiler.

Si cette Compagnie devoit caufer la ruine de la ville de Porto, comme on l'a publié dans plufieurs livres, il s'enfuivroit de-là que ce Miniftre auroit pris de fauffes mefures ; mais il n'étoit pas de ceux qui fe livrent à ces fpéculations vagues. Carvalho agit dans toute cette affaire en homme prudent : il fe fit donner un état des récoltes des vins de Porto depuis dix ans ; il fuputa enfuite le prix que ces vins avoient été vendus à l'Etranger, relativement à la récolte de chacune de ces années : il en fit un total dont il tira le dixième, & ce fut fur celui-ci qu'il établit le prix, qu'il fixa à la Compagnie. On ne connoît point de calcul plus jufte que celui-ci : parce que dix ans eft le terme qui rapproche toutes les révolutions phyfiques dont le dixième eft le réfumé du total. Une ville dont la récolte est en vin, qui fonde sa richesse sur une année, peut être aisément trompée, il suffit qu'elle soit stérile, pour que tout le monde en souffre ; il ne faut pas croire que, parce que celle qui vient après est abondante, cela rétablisse le niveau. Quand celle-ci arrive, la pauvreté de la précédente empêche de jouir de la richesse de la présente : c'est que le Colon, qui a manqué de moyens pour la culture, a été obligé de faire des emprunts dont il est obligé de rembourser le capital avec l'intérêt dans la récolte abondante ; ce qui la rend aussi stérile que la précédente.

Il y auroit beaucoup de choses à dire sur cette Compagnie ; je ne dirai que celle-ci. Pendant le temps que dura le ministère de Carvalho, on ne cessa de se récrier contre cette association à laquelle on donna le nom de *monopole*. A la mort de Joseph Ier, le Gouvernement nouveau ayant examiné cette affaire avec toute l'attention

qu'elle méritoit , il fut résolu par le Confeil que cette Compagnie refteroit dans
le même état qu'elle avoit été créée : en
conféquence, elle a fubfifté en fon entier. Les accufations formées contre ce
Miniftre , relativement à cette Société ,
étoient donc fauffes : puifque ceux-mêmes
qui étoient les plus contraires à fon établiffement, l'ont adopté unanimement.

D'après cela , on peut juger combien
eft dénué de fondement ce que l'Auteur
des Mémoires avance à l'égard |de cette
Compagnie.

« Jufques-là , dit - il , (1) le commerce
» des vins avoit été, pour les habitans de
» Porto , la fource de leurs richeffes , &
» avoit rendu cette ville la plus opulente
» du Royaume après la Capitale. Ce com-
» merce jouiffoit de la plus grande liberté ;
» chacun faifoit fes marchés de la manière
» qui convenoit le mieux à fes intérêts ; &

____

(1) Page 120.

» la concurrence des acheteurs, attirés de
» toutes parts par la réputation méritée des
» vins de ce canton, ne pouvoit manquer
» d'en rendre le débit très-avantageux. Mais
» le nouvel établiſſement fit bientôt languir
» ce commerce important. Il appauvrit &
» finit par ruiner des familles opulentes,
» réduites à livrer leur vin à vil prix, tandis
» qu'exerçant ſous leurs yeux le plus odieux
» monopole, les agens de la Compagnie,
» le vendoient à l'étranger ſur le même pied
» qu'auparavant ».

A l'égard de ceux qui prirent les armes
& qui ſe révoltèrent pour anéantir cette
Compagnie établie par le Conſeil ſuprême,
c'eſt à la Juriſprudence criminelle à juger
ſi le châtiment exercé contre eux, & dont
on a tant parlé dans le monde, fut trop
rigide. Une réflexion préliminaire pourra
mettre le lecteur à portée de s'en convaincre.
Il eſt certain que dans un Etat monarchique
la ſubordination étant l'ame de ce Gouvernement, on ne ſauroit punir trop ſé-

vérement ceux qui excitent des émotions populaires , parce qu'elles ne tendent pas à moins qu'à femer par - tout le défordre & la confufion ; ce qui conduit ou peut conduire à la deftruction de l'Empire : c'eft le premier crime de lèze - Majefté. Il n'y a qu'à lire fur ces mêmes émotions populaires les peines portées par la loi. Après cette lecture, on trouvera que les féditieux de Porto furent traités avec beaucoup de ménagement, fur-tout dans une révolution où tous les ordres de la ville prirent part. On connoît la fentence prononcée contre les coupables. Dans la Magiftrature royale , les Juges du peuple fubiffent feuls une peine afflictive. Environ deux cents coupables furent renfermés dans la tour de S. Jean, d'où on en fit fortir quelques - uns pour monter fur l'échaffaud. Cependant l'Auteur de l'Hiftoire des Indes , qui rend compte de cet événement , en parle autrement. Voici comme il s'exprime : « Les » tremblemens (1) de terre , qui avoient

----

(1) Hiftoire Politique des Indes. Tom. III.

» renverfé cette fuperbe Capitale , fe re-
» nouvelloient encore ; les feux qui l'avoient
» réduite en cendres étoient à peine éteints,
» lorfqu'on établit une Compagnie exclu-
» five pour vendre à l'étranger les vins fi
» connus fous le nom de Porto , qui forment
» la boiffon de beaucoup de Colonies d'une
» partie du Nord , fur - tout de l'Angle-
» terre. La ville de Porto , devenue par fa
» population , fes richeffes & fon activité
» la première du Royaume , depuis que
» Lisbonne avoit comme difparu , crut
» avec raifon fon commerce anéanti par
» cette funefte aliénation des droits de la
» nation entière en faveur d'une affociation.
» La Province entre Duro & Minho , la
» plus fertile de l'Etat , ne fonda plus d'ef-
» pérance fur fa culture. Le défefpoir por-
» ta les peuples à la fédition , & la fédi-
» tion rendit le Gouvernement cruel. Dou-
» ze cents perfonnes furent livrées au
» bourreau , condamnées aux travaux pu-
» blics , réléguées dans les forts d'Afrique ,

» ou réduites à la mendicité par la confis-
» cation de leurs biens , &c.

Voilà comme la plupart des Au-
teurs écrivent l'Hiftoire politique de notre
Monde.

LIVRE VII.

CHAPITRE PREMIER.

Conjuration contre la vie du Roi.
Remarques fur celle-ci.

JE fupplie qu'on me permette de faire une réflexion préliminaire fur cet attentat, qui occupa l'Europe entiere. Il feroit à fouhaiter, pour le bonheur du monde, qu'on pût découvrir la caufe de ce crime de lèze-Majefté au premier chef, d'autant plus que nos âges modernes font teints du fang de plufieurs Rois : on ne l'attribuera pas fans doute aux Romains, de qui nous tenons en partie nos mœurs & nos coutumes, ainfi que nos vices & nos vertus. Les conjurations contre la vie des Empereurs étoient ordinairement des affaires d'Etat, où les conjurés pouvoient entrer, fans paffer pour homicides : ainfi, après la mort de Céfar, on ne fit point le procès à Brutus qui lui avoit porté le coup mortel. Cet affaffin déclara même, que fi l'Empereur avoit été fon père, il l'eût tué tout de même. Comme la puiffance de ces Maîtres du monde étoit entiérement arbitraire, & qu'ils ne mettoient aucunes bornes à leur pouvoir, il arrivoit fouvent qu'un tel mal demandoit un pareil remède.

D'ailleurs, ceux qui conjuroient contre le Prince ne cherchoient à lui arracher la Couronne, que pour la placer fur leur tête, ou fur celle de quelques-uns de leur parti : politique qui ne fauroit avoir lieu dans nos temps modernes, où la fucceffion au Trône eft indépendante du genre de mort de celui qui l'occupe. Comme les affaffins de nos Rois ne fauroient avoir part au diadême, ce crime eft toujours à pure perte pour ceux qui le commettent. La révolution n'eft que pour la Famille Royale. Pour excufer un crime qui n'a point d'excufe, on a dit une chofe bien vague : que le defpotifme des Rois porte les fujets à ce délit. Mais il y a plus de mille ans que l'Europe fe gouvernoit fur le même plan, & ce vice n'a pas toujours régné d'une manière fi effrénée. On ajoute, que c'eft le feul moyen qui refte pour contenir les méchans Rois : d'où vient donc qu'on ne porte des mains facriléges que fur les bons, & que la plupart des tyrans meurent prefque toujours dans leur lit. Qui méritoit moins d'être affaffiné qu'Henri IV, lui qui étoit l'ami des hommes & le père de fes fujets. Quelle tyrannie avoit exercée Louis XV, qui joignoit aux qualités du meilleur Monarque, celle du Roi honnête homme. Que pouvoit-on reprocher à Jofeph Ier, fi ce n'eft d'avoir été clément jufqu'à s'en repentir.

Je n'ofe point déchirer le voile qui couvre ce crime affreux; ma main tremble en tirant le rideau qui le cache. J'ai honte de reprocher à mon fiécle, que ce qui devroit le combler de gloire, le couvre de honte. Qui le diroit ! la révolution qui s'eft faite dans l'efprit humain a enfanté ce crime qui eft né de la multiplicité des fcien-ces, & encore plus de la confufion des livres. Du moins on découvre, par les monumens de l'Hiftoire, que dans le fiécle le plus ignorant les hommes étoient moins barbares. Je croirois volontiers que la révolution fubite qui s'eft faite dans les Arts n'ayant pas donné le temps à l'efprit de s'y préparer, a gâté l'imagination, qui a enfanté à fon tour cette foule de monftres que les Tribunaux de nos jours combattent. Chacun fe fait une manière de penfer & une morale à fa guife. Lorfqu'on fit le procès à Damiens, le Parlement de Paris, qui examina cette affaire avec cette réflexion profonde qu'elle méritoit, trouva que la lecture, en gâtant l'imagination de cet affaffin, lui avoit mis le poignard à la main.

Voilà pour le général des hommes. Mais il y a une autre caufe de ce crime de lèze-Majefté, d'autant plus dangereufe, que depuis l'établiſſement des Cours & des Courtiſans, elle s'eſt approchée du Trône des Rois, je veux parler de la Nobleſſe, dont le luxe & la vanité ont changé ſes mœurs; changement qui, en la rendant fière, hautaine & audacieuſe, l'a ſouvent portée à conjurer contre le Prince.

Richelieu, pour affermir le Trône de Louis XIII, paſſa ſa vie à diminuer le pouvoir des Grands. Il fut plus occupé de ce deſſein que de celui d'abaiſſer la maiſon d'Autriche. Tous les Gouvernemens monarchiques abſolus, qui, pour leur ſûreté perſonnelle, auroient dû ſuivre la grande maxime de ce Miniſtre, ne le ſuivirent point. De-là ſont venues ces conjurations, dont l'Hiſtoire moderne fait mention.

Cependant, comment arrive-t-il que, dans ces Etats, ceux qui, par leur condition, ſont les plus attachés à la Couronne, conjurent contr'elle. Il faut expliquer ceci, ſans quoi on verroit de grands crimes, ſans en connoître la cauſe. On ſait que l'amour-propre eſt le mobile de toutes nos actions,

qu'il excite nos paffions, qu'il irrite nos
defirs, qu'il enflamme notre imagination,
& donne à l'ame ces mouvemens con-
vulfifs qui les portent à toutes fortes d'excès;
fur-tout lorfque cet amour eft offenfé ou
fe croit offenfé perfonnellement. Jofeph Ier
avoit refufé quelque grace à une famille
de Grands ; ce qui irrita leur Chef, au
point de s'en prendre à fa perfonne : voilà
la conjuration de Portugal. Il ne faut pas
en chercher d'autre caufe, parce qu'il n'y
en a point d'autre. Il eft vrai que le vice
perfonnel des Conjurés y contribua beaucoup, mais ce fut cette première caufe qui
irrita les fecondes, comme nous l'allons
voir dans le Chapitre fuivant. Malheur à
tout Gouvernement monarchique, où le
défaut de fubordination laiffe aux Grands
trop d'autorité & d'audace. Peut-être que
l'Etat defpotique en pareil cas eft moins
dangereux, parce que la crainte contient
tous les fujets, de quelque rang & condition qu'ils foient. Là, la fervitude fait
ce que les meilleures loix ne font pas
toujours

toujours dans les Monarchies. Il eſt triſte
qu'il faille rendre les hommes eſclaves,
pour les contenir dans leur devoir : mais
tel eſt leur ſort, qu'il leur faut des fers,
ou une liberté qui, en les rendant citoyens,
leur donne du dégoût pour le deſpotiſme :
choſe que les Républiques cherchent toujours, & qu'elles ne trouvent jamais.

CHAPITRE II.

*Esprit & génie de ceux qui attentèrent
sur la personne du Roi.*

C'EST dans le caractère des Conjurés
qu'on découvre la conjuration. Le Duc
d'Aveiro, qui en étoit le chef, étoit un
de ces monstres abominables que l'enfer
vomit quelquefois sur la terre pour les
malheurs du monde. Cet homme sans foi,
sans loi, sans honneur, ni probité, avoit
tous les vices d'un scélérat, sans aucune
des qualités qui, en politique, font prétendre à la scélératesse. Son ame basse, pé-
trie de boue, étoit capable de tous les forfaits qui peuvent se commettre, sans aucune sorte de valeur ni courage. Ce n'étoit
pas un Brutus ni un Cromwell que l'ambition avoit fait tyrans, mais un vil assassin,
en qui l'orgueil & la vanité avoient mis

les armes à la main , pour commettre le plus noir des crimes.

Il n'étoit pas né ce qu'il étoit : son élévation étoit l'ouvrage de la fortune ou plutôt du caprice qui préside à la plupart des événemens de ce monde. Cadet de la maison de Mascarenhas , qui , pour être la moins nouvelle du Portugal , n'étoit pas la plus noble , il ne devoit point prétendre au rang où il parvint. Son frère aîné , le Marquis de Gouvea , s'étant pris de belle passion pour une Dame mariée avec un Fidalgo de la maison d'Almada , l'enleva & s'enfuit avec elle. Cet enlévement , qui, dans tout autre Gouvernement , passe pour un simple délire d'amour , en Portugal est un crime capital qu'on ne peut expier que par un exil perpétuel de sa patrie , ce qui prouve (pour le remarquer en passant) qu'il y a encore des mœurs dans ce Royaume, puisqu'on ne peut pas se jouer impunément de l'engagement le plus saint qui soit chez les hommes. Ainsi

H 2

le jeune Mascarenhas devint Marquis de
Govea , sans autre titre que celui de l'éloi-
gnement de son frère. Par un second événement , peut-être aussi bisare que le premier , il fallut qu'un Moine devînt premier
Ministre de la Couronne , & que ce Moine
se trouvât son oncle. Dès lors , le nouveau
Marquis jouit de tous les honneurs de la
Cour & de toutes les richesses de sa famille. Mais , comme pour élever cette maison au faîte des grandeurs , il lui falloit un
titre suprême qui le plaçât à côté du Trône ,
on chercha à lui en procurer un qui le fit
parvenir à ce haut rang. Le Duché d'Aveiro
étant devenu vacant par la mort de celui
qui l'occupoit , on imagina qu'il pouvoit
remplir ce grand objet. Quelques titres
spécieux sur ce Duché , qui ne sont pas
venus jusqu'à nous, en furent le prétexte.
On attaqua légalement le véritable héri-
tier : & comme il arrive rarement que le
neveu d'un premier Ministre perde un
procès , ce neveu gagna le sien. On joignit

à cette élévation la première charge de la Couronne. Ce fut alors que Mascarenha de cadet devenu aîné, de Marquis Duc, & de Duc Grand-Maître de la Maison du Roi, se livra à tous les excès & à toutes les extravagances d'un parvenu. Jamais mortel ne déploya tant de fierté, de hauteur & d'arrogance. A force de prévention sur sa nouvelle grandeur, il étoit parvenu à croire que son rang, sa charge & sa fortune le mettoient au-dessus des loix, & que, quelque crime qu'il pût commettre, ils étoient insuffisants pour le punir.

Le Marquis de Tavora Fidalgo, le plus noble du Royaume, avoit apporté en naissant les qualités dignes du rang dont il étoit issu. Son éducation avoit été moins négligée que celle des autres Seigneurs du Portugal. Aussi avoit-il de la religion, des mœurs, des principes. Engagé dans l'état militaire dès sa première jeunesse, il étoit parvenu au rang de Général, sans avoir les qualités qui le font mériter. Il devoit le com-

mandement de l'armée à ses années , &
non à cette bravoure & à ce courage qui
fait le Capitaine. Dans un Etat où on
ne fait jamais la guerre , la valeur est un
nom qu'on donne à une chose qu'on ne
connoît pas. On l'accusoit d'avoir mal-
versé dans les Indes où il avoit été Vice-
Roi. Mais on ne put pas appeller malversation la conduite d'un Ministre qu'on envoie
à six mille lieues de sa patrie, tout exprès
pour s'enrichir. Alors les monopoles , les
fraudes & les vexations deviennent des
espèces de droit des gens.

Dans sa première jeunesse , qui est le
temps où l'on juge du caractère de l'homme,
on n'avoit point apperçu en lui aucun de
ces vices capitaux qui annoncent de loin
le grand scélérat. Si, sur ses vieux jours,
il se rendit complice d'un grand crime ,
c'est qu'il se laissa séduire par de plus grands
criminels que lui. Après avoir consenti à
la conjuration , il se dégagea plusieurs fois
de sa parole , & plusieurs fois on l'obligea

à la tenir. S'il se rendit criminel de leze-Majesté au premier Chef, ce fut plutôt par condescendance que par scélératesse. Il ne fut guère coupable que de foiblesse.

Pour donner une autre trempe à son caractère, pour rendre son ame perfide, il fallut irriter son ambition, piquer son amour-propre, & réveiller sa vanité contre le Monarque. On fit plus, on le persuada que sa naissance, son rang & sa qualité de Général le mettoient au-dessus des loix, & qu'il suffisoit que le Roi ne fût plus, pour que sa mort restât impunie.

Au reste, ce Conjuré étoit dévot. Dans le sein même de la conjuration, il confes-soit & communioit souvent. Cependant il continuoit de persister dans son dessein. C'est peut-être le premier coupable qui ait mêlé les exercices les plus saints de la Religion avec les crimes les plus sacriléges de la politique.

Dona Eléonore, Marquise de Tavora, sans avoir été la première à imaginer la

conjuration, en étoit l'ame & le soutien.
Elle avoit de l'esprit & encore plus de cette
ambition qui porte les femmes à faire des
choses extraordinaires. Son génie vif, actif,
intrigant lui rendoit facile & aisé ce que
la plupart de celles de son sexe regardent
comme impraticable. Les obstacles & les
difficultés ne l'étonnoient point; au contraire
en irritant son caractère, ils la rendoient
inflexible. La vie privée où elle étoit condamnée depuis son retour des Indes, où
elle avoit été Vice-Reine, étoit pour elle
une sorte de martyre. Sa domination dans
les nouveaux Mondes lui rendoit insupportable son anéantissement dans l'ancien :
elle vouloit jouer un premier rôle ; & la
conjuration contre le Roi pouvoit seule lui
en ouvrir le chemin. Lorsqu'une femme
est vieille, & que ses charmes sont usés,
le desir qui lui reste de faire parler d'elle
est aussi vif que celui de l'amour. Elle avoit
le courage des ames fortes, qui ne redoutent
point la mort, & qui la souhaitent même

lorfqu'elle met un obftacle à leur agran-
diffement.

Son mari s'étant repenti plufieurs fois
d'avoir cédé aux inftances du Duc d'Avéiro,
le Chef de la conjuration, elle lui donna
cette fermeté qui lui manquoit, & qu'elle
feule pouvoit infpirer.

Le Marquis Louis-Bernard de Tavora,
fon fils aîné, l'un des Cònjurés, étoit fier,
orgueilleux, rempli de préfomption & de
lui-même. Il étoit en état de tout entreprendre, pourvu qu'il ne fallût que de
l'audace & de la témérité ; d'ailleurs incapable d'aucun deffein qui demandât de
la conduite & de la capacité. On ne l'eut pas
plutôt inftruit de la conjuration, qu'il l'em-
braffa avec ardeur. Sa vanité la lui fit regarder comme un chemin que la fortune
lui ouvroit pour arriver aux grandes charges
& aux premiers emplois dont il étoit privé.
Ce conjuré ne vit point le crime, & encore moins la punition qui en eft prefque
toujours une fuite néceffaire. Tel eft l'aveu-

glement de ceux qui attentent sur la vie des Rois, de se faire un plan si sûr de la conjuration, qu'elle ne peut point manquer. Soit aveuglement, soit présomption, les coupables vivent dans une sécurité entière : le moment fatal arrive, le songe finit, & une punition terrible commence.

Joseph - Marie de Tavora, son frère, étoit le seul des Conjurés qui eût de l'honneur & des sentimens. Ce jeune Seigneur avoit l'ame grande, belle, noble, le crime étoit incompatible avec son caractère, qui étoit juste, honnête, droit & équitable. A peine lui eut - on communiqué le dessein qu'on avoit sur les jours du Roi, qu'il en eut horreur. Tout autre qu'un père, qui lui en eût fait l'aveu, eût payé de sa vie la confidence qu'il lui en faisoit. Mais il falloit par un refus perdre toute sa famille, ou, en entrant dans la conjuration, s'exposer à mourir sur un échaffaud : funeste alternative. Par une fatalité particulière à sa destinée, la nature l'engagea à commettre un grand crime.

Don-Jérôme de Ataïde, Comte d'Atonguia, beau - fils du Marquis de Tavora, n'avoit point de caractère. Né sans esprit ni génie, il étoit incapable d'aucune intrigue, qui demandât la moindre réflexion. Le jeu, la table & le vin partageoient sa vie; il poussoit la grossiereté jusqu'à la stupidité. Comme il n'étoit susceptible d'aucune passion violente, la haine, le ressentiment & la vengeance n'entroient point dans son ame : la débauche & la crapule l'occupoient toute entière. Il s'étoit engagé dans la conjuration sans la connoître. Peut-être lui avoit-on caché jusqu'au nom de *crime* qu'elle renfermoit. Il l'avoit regardée comme une affaire de famille, à laquelle le devoir de parenté l'engageoit.

Le sixième Chef de la conjuration étoit Braz-Joseph Romeiro, Capitaine de Cavalerie du Régiment de Tavora, soldat de fortune, attaché à la maison de ce Général, à laquelle il étoit entiérement dévoué. Cet

homme ne vit, dans ce crime de lèze-Majesté,
que son avancement. Il est remarquable que,
dans cette conjuration, aucun des Conjurés ne soupçonna le sort qui l'attendoit :
c'est qu'on crut avoir pris des mesures si
justes, qu'elle devoit nécessairement réussir.
Le reste des Conjurés étoit des domestiques,
au service des principaux Chefs : hommes
avilis par leur état, & qui croyoient s'élever au-dessus de leur condition, en s'as-
sociant avec leur maître pour commettre
le même crime.

On a cru en Portugal que la jeune Marquise de Tavora, maîtresse du Roi, &
qui fut la cause première de cette catas-
trophe, savoit la conjuration, mais que la
position où elle se trouvoit l'empêchoit
de la découvrir : elle ne pouvoit en instruire le Roi, sans courir le risque de perdre sa famille, ni laisser agir sa famille,
sans s'exposer au danger de perdre son
amant. Funeste alternative pour un cœur
bien épris. Cependant il n'est guère pro-

bable que les chefs des conjurés euffent
confié la conjuration à une Dame que la
paffion pouvoit aveugler au point de les
facrifier au Monarque qu'elle aimoit. En
amour, le premier intérêt, c'eft l'amour
lui-même.

CHAPITRE III.

Assassinat commis en la personne du Roi

CE fut la nuit du 3 Septembre 1758, que les Conjurés, dont nous venons de parler, choisirent pour arracher la vie à Joseph Ier, & le faire descendre dans le tombeau par un lâche assassinat. Ce Prince doit périr sur le chemin de Bélem : ses premiers Sujets devoient être ses bourreaux. L'exécution de ce crime est facile. Les Rois de Portugal marchent sans suite : l'amour & la fidélité de leurs sujets sont leurs gardes-du-corps. Les conjurés profitent de cette sécurité : chacun d'eux doit tirer à son tour. La perte du Monarque est inévitable ; car s'il échappe au coup des premiers assassins, il doit périr sous les coups des seconds. On ne trouve point de conjuration dans l'Histoire, qui découvre mieux cette Providence qui veille à la sûreté des Rois. Le Prince échappe à tous ces meurtriers : mais ce n'est pas assez d'avoir évité la mort, il faut encore mettre l'Etat à couvert d'une révolution.

Lorsque la conjuration de la Couronne est formée par des hommes obscurs, il suffit qu'elle ait échoué, pour que le Trône soit en sûreté : c'est tout le contraire, si elle est fomentée par les Grands, qui voyant leur coup manqué, n'ont d'autre ressource, pour éviter les châtimens de leur crime, que d'exciter de nouveaux troubles. Le Ministre qui voit le danger où le Roi & l'Etat se trouvent, sauve l'un & l'autre avec une adresse admirable. Il conseille au Prince de dissimuler, & de prétexter une chûte pour se mettre à couvert d'un nouvel assassinat. Carvalho prend lui-même ce parti : montre beaucoup de tranquillité d'ame, & une plus grande assurance d'esprit. Comme cet événement est déjà répandu dès le matin à Lisbonne, il rassure les Ministres étrangers & les Grands du Royaume qui viennent s'informer de l'état du Roi. Il leur avoue à la vérité qu'il est au lit, mais qu'il n'y est retenu que par une faignée qu'on lui a faite à l'occasion d'une légère chûte. Ceux qui avoient vu ce Ministre le soir, ont assuré qu'ils n'avoient remarqué aucune différence sur son visage le matin. Je supplie qu'on fasse attention à la fermeté nécessaire pour se contraindre ainsi. Quel empire ne faut-il pas avoir sur son ame, pour montrer tant de tranquillité au milieu de tant de péril. Un Ministre violent & mal adroit eût fait arrêter sur le champ plusieurs Grands du Royaume, d'autant plus que la voix publique nommoit les coupables & les désignoit par leur caractère. Il veut s'assurer de la personne des criminels avant de punir leur crime. Il y parvint par une politique fine & adroite, où tout autre homme d'Etat eût échoué. Il n'écoute point son ressentiment particulier, il n'est occupé que du desir de venger le Roi son Maître. Il établit un plan d'inquisition secrete, qui

doit

doit néceffairement découvrir la conjuration. Ses recherches doivent être d'autant
plus cachées , que les Conjurés ont les yeux
continuellement attachés fur lui , & ne le
perdent pas un inftant de vue. Mais il fait
tromper leur vigilance. Il a la conviction
de leur crime & les fait monter fur l'échafaud au moment qu'ils s'y attendoient le
moins , & que le Portugal & toute l'Europe avoient oublié cette affaire.

CHAPITRE IV.

*Commencement de procédure contre trois
Membres de la Société.*

Après l'exécution des grands criminels,
on procéda contre les Jésuites qui avoient
été attachés à la maison du Duc d'Aveiro,
& à celle du Marquis de Tavora. Des
troupes investirent leurs maisons, & on
signifia aux Religieux un ordre du Cardi-
nal-Visiteur, qui leur défendoit de sortir.
Cependant on enleva tous les papiers qu'ils
avoient dans leurs chambres, ainsi que ceux
qui étoient dans les archives.

Les partisans des Jésuites ont beaucoup
fait valoir ce premier acte de justice, auquel ils ont donné le nom d'*hostilité*. Il
est clair que cet ordre, donné à la suite
de la mort des coupables, étoit émané de
la confession qu'ils avoient faite de leurs
complices. Cette confession n'est pas parvenue jusqu'à nous, elle est restée cachée
dans le fond du procès des criminels.

Par ces mêmes dépofitions , les Jéfuites Gabriel Malagrida , Italien , Jean-Alexandre de Souza , & Jean de Matos , Portugais , parurent les plus coupables , du moins ils furent réputés tels dans la Sentence du 12 Janvier 1759 ; elle leur donna le nom d'*Inftigateurs* & de *principaux Chefs de la Confpiration.* Dans peu , la Société entière fut bannie du Portugal , &, bientôt après, de tous les Etats de l'Europe.

On connoît leur départ du Portugal , & toutes les formalités qui furent pratiquées ; ainfi , on ne répétera pas ici ce que tout le monde fait.

CHAPITRE V.

Le Ministre fait publier un Edit pour augmenter les preuves contre les coupables.

IL convient à un grand homme qui est à la tête de l'Administration, de ne rien épargner pour découvrir les auteurs d'un grand crime, sur-tout lorsque les criminels ont attenté sur la personne du Roi. Par l'Edit qui fut publié, le Monarque accordoit la noblesse aux roturiers, & des récompenses d'une autre nature à ceux qui étoient déjà nobles, qui indiqueroient les conjurés qui avoient échappé aux perquisitions de la Justice ; déclarant, en même temps, qne les personnes qui les connoîtroient, & qui ne les déclareroient pas, seroient sujets aux mêmes peines que les coupables, si elles venoient à être découvertes : méthode admirable pour exciter à la fois l'espérance & la crainte, les deux plus grands ressorts qu'il y ait chez les hommes. L'Ordonnance étoit conçue en ces termes.

« La fidélité, l'amour & le respect de
» nos sujets pour leurs Souverains carac-
» térisent d'une manière si distinguée la na-
» tion Portugaise, qu'il n'en est aucune
» dans l'Europe qui se soit dans tous les
» temps plus exemplairement signalée dans
» l'observation de ses devoirs indispensa-
» bles. C'est ce que nous n'avons jamais
» cessé d'éprouver nous-mêmes depuis no-
» tre avénement à la Couronne, par les
» preuves les plus remarquables & les plus
» décisives que nos sujets nous ont conti-
» nuellement données de leur reconnoissan-
» ce pour les grands & multipliés bienfaits
» dont notre bonté paternelle ne s'est ja-
» mais lassée de les combler. Qui auroit
» donc pu s'attendre, qu'au mépris de ces
» sentimens si inviolables de nos sujets,
» l'on verroit malheureusement parmi les
» habitans de nos Etats, des hommes capa-

» bles de méprifer les exemples anciens &
» jamais interrompus de leurs compatrio-
» tes , & rompre, de la manière la plus bar-
» bare , les liens auffi honorables que pré-
» cieux de la reconnoiffance & de la fi-
» délité , fans avoir pu être retenus dans
» leur exécrable perfidie , ni par la beauté
» de ces vertus , ni par la honte des affreux
» forfaits dans lefquels ils alloient fe pré-
» cipiter , ni par le poids infupportable du
» châtiment que devoient attirer à leur dé-
» teftable complot le bien public de nos
» Etats, & l'honneur général de nos fujets,
» qui n'ont point d'intérêt plus fenfible que
» de n'être pas confondus avec des hom-
» mes coupables d'un fi horrible attentat ?

» Sans être arrêtés par toutes ces con-
» fidérations , ces fcélérats ont eu l'audace
» de former entr'eux , avec des complots
» diaboliques , une conjuration facrilége ,
» d'autant plus abominable , qu'ils n'ont pas
» craint d'employer , avec l'air le plus myf-
» térieux & le plus capable d'en impofer
» à la fimplicité des ames dévotes, les fug-

» gestions qui pouvoient faire sur elles la
» plus forte impression. Ils ont commencé
» par leur faire entendre & leur certifier
» d'une manière aussi secrète que pleine de
» malignité, que nos jours devoient être
» fort abrégés : ils ont même poussé le fa-
» natisme jusqu'à en fixer le terme au mois
» de Septembre dernier. Et après avoir pré-
» paré les esprits à cette conjuration, par
» ces malignes prédictions, ils en sont ve-
» nus jusqu'à l'horrible témérité de les vé-
» rifier par l'exécrable attentat qu'ils ont
» exéuté sur notre personne le 3 du susdit
» mois de Septembre dernier, sur les onze
» heures du soir, dans le temps que nous
» venions de sortir de la maison de plai-
» sance appellée *la Quinta do Meyo*, pour
» traverser la petite place qui la sépare de
» notre Palais-Royal, où nous allions nous
» retirer. Près de la porte de cette maison,
» trois des conjurés à cheval, cachés der-
» rière les bâtimens qui y sont contigus,
» tirèrent avec une infâme & détestable
» trahison sur le derrière de notre carosse

» trois coups de mousquet ou de fusil, si
» fortement chargés de grosse mitraille,
» que quoique l'un d'eux n'eût pas pris feu,
» les deux autres firent au dossier du car-
» rosse deux ouvertures circulaires d'une
» telle grosseur, & le fracassèrent d'une
» telle manière, qu'il est impossible de com-
» prendre comment notre personne royale
» put éviter la mort dans un si petit es-
» pace. Les blessures considérables que
» nous reçûmes nous auroient indubitable-
» ment fait périr, si le Tout-puissant ne
» nous eût miraculeusement préservé du
» principal effet que devoit naturellement
» avoir un attentat si exécrable.

« Les principes les plus sacrés du droit
» divin, du droit naturel, du droit civil,
» & de la patrie, se trouvant horriblement
» violés par cette barbare & sacrilége cons-
» piration, également capable de révolter
» la religion & l'humanité, ils en exigent
» d'autant plus indispensablement la répa-
» ration, qu'il en résulte un outrage plus
» solemnel pour la fidélité portugaise, dont

» les loüables fentimens d'honneur, d'amour
» & de reconnoiffance pour notre Per-
» fonne royale , ne pourroient jamais fe
» tranquillifer , fi cette déteftable conju-
» ration n'étoit découverte & totalement
» extirpée jufques dans fes racines veni-
» meufes , & fi on laiffoit jouir de leur
» liberté , parmi nos fidèles fujets , quel-
» ques-uns des horribles monftres qui ont
» confpiré pour commettre cet abominable
» forfait.

» A ces causes , nous ordonnons que
» toutes les perfonnes , qui , en donnant
» des preuves de leur déclaration , dénon-
» ceront qui que ce foit de ceux qui font
» coupables de cette infâme conjuration ,
» feront par nous , s'ils font roturiers , éle-
» vés à la nobleffe ; s'ils font nobles , ils fe-
» ront élevés au grade de *Moço-Fidalgo* (1)
» & de Chevaliers ; s'ils font de ce rang ,
» nous les éléverons aux grades de Vicomtes

____

(1) C'eft le titre qu'on donne en Portugal aux fils des
Grands.

» ou de Comtes , suivant le grade dans
» lequel ils se trouveront ; & s'ils sont déjà
» titrés , nous les éléverons aux titres im-
» médiatement supérieurs à ceux qu'ils
» avoient auparavant ; le tout sans préjudice
» des autres récompenses que nous nous
» proposons d'accorder conformément à la
» qualité de ceux qui feront lesdites décla-
» rations , & à l'importance du service qu'ils
» auront rendu , & que nous récompen-
» serons , soit en argent , soit en offices
» de justice ou de finances , & en biens
» même de notre domaine, & en Croix &
» Commanderies de nos Ordres.

» Nous voulons en outre que ceux-mêmes
» qui auroient trempé dans cette conjura-
» tion , s'ils ne sont pas du nombre de ses
» premiers Chefs , reçoivent dès-à-présent
» leur grace & pardon , en venant à révé-
» lation de leurs complices & de tout ce
» qu'ils en auront pu savoir.

» Et quant aux Officiers de Justice qui se
» feront saisis de quelques - uns des cou-
» pables , nous les récompenserons par les

» honneurs & autres avantages propor-
» tionnés à l'importance du service qu'ils
» nous auront rendu ; lesquelles récom-
» penses leur feront accordées, sans pré-
» judice de celles qu'ils auroient méritées,
» s'ils étoient du nombre des susdits dé-
» nonciateurs.

 » Et afin que personne ne puisse mettre
» à couvert des coupables si pernicieux par
» la fausse appréhension de passer pour dé-
» lateur, nous voulons que tous nos sujets
» soient avertis, que cette idée que le
» vulgaire a coutume de se former des dé-
» lateurs en toute autre matière, ne peut
» avoir lieu en fait de crimes de conjura-
» tion contre le Souverain, & de haute
» trahison ; d'autant qu'au contraire, dans
» ces sortes de crimes, le silence & la non-
» révélation de ceux qui en ont connois-
» sance, & qui ne les dénoncent pas en
» temps opportun, les assujétissent aux
» mêmes peines & à la même infamie que
» doivent subir ceux qui en font coupables;
» de sorte que les pères mêmes n'en font

» pas exempts, quand ils ne dénoncent pas
» leurs enfans, ni les enfans quand ils ne
» dénoncent pas leur père ; attendu que ,
» lorsqu'il s'agit de crimes si énormes , &
» si préjudiciables au public, la conserva-
» tion de son Roi & de sa Patrie, qui sont
» les pères communs de tous , est d'une
» obligation supérieure & indispensable.

　» Et , parce qu'un si horrible forfait
» exige absolument qu'on prenne les
» moyens les plus faciles & les plus prompts
» pour arrêter les coupables & les empri-
» sonner , Nous ordonnons que tous les
» Magistrats & Juges de nos Etats soient
» compétens , même dans toutes les terres
» de notre Couronne , & dans celles de
» nos donataires , quelques privilégiées
» qu'elles soient, pour y saisir les coupables
» de ce crime ; de telle sorte qu'ils y puissent
» entrer à cet effet , sans nouvel ordre des
» Ministres de notre Couronne ; accordant
» le même pouvoir aux Officiers de nos-
» dits donataires, pour la capture seulement

» Voulons en outre & nous plaît qu'ils
» foient arrêtés, même par les particuliers
» qui pourront les découvrir, & en quel-
» qu'endroit qu'ils puiffent les trouver ; **à**
» condition néanmoins qu'auffitôt après les
» avoir faifis, ils les remettent incontinent
» à l'Officier de *la Barre-Blanche* (1) **la**
» plus proche, qui fe chargera de les tranf-
» férer au plutôt dans cette Capitale fous
» bonne & sûre garde.

» Nous chargeons le Docteur Pedro
» Gonzalves Pereira, Membre de notre
» Confeil, (2), Député du Tribunal de
» Confcience & des Ordres, & Chance-
» lier du Tribunal de la *Supplique* (3) que
» nous avons nommé Juge de l'*Inconfi-*
» *dence* (4), d'exécuter le préfent Édit en

---

(1) Officier de Juftice qui répond à nos Officièrs de Maréchauffée.

(2) *Defembargador do Paço.*

(3) *Cafa da fupplicaçaon.* C'eft proprement la Chambre des Requêtes, où l'on juge fouverainement & en dernier reffort toutes les affaires des particuliers qui y vont par appel.

(4) Tribunal établi pour juger les crimes de félonie & de haute trahifon.

» tout ce qui le concerne, après l'avoir
» fait afficher dans tous les lieux publics
» de cette ville de Lisbonne & dans la
» banlieue, & l'avoir envoyé dans toutes les
» autres villes & bourgs de ces Royaumes.
» Ordonnons que foi foit ajoutée à toutes
» les copies qui feront fignées de lui,
» comme au préfent original; le tout non-
» obftant toutes les loix, ordonnances &
» coutumes contraires, auxquelles à cet
» effet nous dérogeons expreffement.

Donné à Bélem le 9 Décembre 1758.
Signé de SA MAJESTÉ.

LIVRE VI.

CHAPITRE PREMIER.

Un grand nombre de Seigneurs & autres font arrêtés après l'exécution des criminels ; pourquoi, & quelle en fut la raifon.

ON a dit, & l'on a écrit que les recherches de Carvalho, fur ceux qu'on foupçonnoit avoir eu part à la conjuration, étoient trop rigides. Mais fi dans cette occafion ce Miniftre n'a rempli que les obligations de fa charge ; s'il n'a fait des perquifitions que pour le bien de l'Etat ; fi fa févérité a été la mefure de fes devoirs, on doit le louer d'avoir marqué dans fes recherches une ame ferme & inébranlable.

On ne devoit pas fuppofer que dans la conjuration il n'y avoit d'autres Conjurés que ceux qui avoient attenté fur la vie du Roi. Lorfque les Grands ont porté la

main sur la Personne sacrée du Prince, le crime de leze - Majesté au premier Chef a déjà poussé de profondes racines, sur-tout dans un Etat où tous les Nobles sont parens ou alliés les uns des autres. On ne parvient pas à ce point de corruption, sans que beaucoup de Seigneurs ne soient cor-rompus. Ainsi, pour arrêter le mal, il faut que les recherches soient très-rigoureuses, sur-tout ne faire grace à aucune personne de quelque rang & condition qu'elle soit. Il n'est pas question de preuves avérées ; en pareil cas, les soupçons deviennent con-victions. La nature du délit le demande ainsi: de deux maux, il faut éviter le pire. C'est une maxime inviolable dans la Jurisdiction royale, comme dans la civile. Il faut faire la différence entre un crime de haute trahison, & un délit ordinaire : celui - là tend à la destruction de l'Empire ; au lieu que celui-ci n'y cause qu'une simple lésion. Le meurtre qu'on exerce sur un particu-lier est peu intéressant pour le genre humain

main ; ce n'eft qu'un homme de moins fur la terre. Le vuide que caufe la mort d'un individu peut aifément être réparé par la naiffance d'un autre ; mais la mort d'un Roi eft toujours un événement pour le monde. La main, qui lui donne la mort, précipite dans le tombeau un grand nombre de mortels. On fait les maux que Cromwell caufa en Angleterre par le meurtre de Charles Ier. Toute la Nobleffe bretonne fut enfevelie fous les débris du Trône. Que, fi le crime de leze-Majefté au premier Chef n'enfanglante pas toujours la nation, il ne manque jamais de caufer une révolution dans le Gouvernement politique. Sully alloit confommer l'ouvrage de la grandeur de la France : tout étoit prêt pour changer le fyftême de la Monarchie, lorfque le couteau fatal, qui perça le fein d'Henri I V, remit les chofes dans le même Etat. Il eft difficile de calculer au jufte le mal que cette mort précipitée caufa à la France. Quelques luftres de plus euffent donné le temps à Sully de perfectionner fon ouvrage, &

alors cette Monarchie eût pris pour toujours l'afcendant fur tous les autres états de l'Europe. Car lorfque les premiers refforts de la Puiffance politique & l'économique font une fois tendus, ils font difficilement détruits par cette fucceffion de hafards, qu'on nomme la *fortune*. Il n'y a point de Portugais aujourd'hui qui puiffe fe repréfenter, fans frémir, l'état où fe feroit trouvé le Portugal, fi le coup fatal, qui en vouloit aux jours de Jofeph Ier, eût porté. Il eft à préfumer que ceux qui avoient fait la révolution, auroient voulu en profiter. Des fcélérats, qui avoient plongé les mains dans le fang de leur maître, ne pouvoient fe foutenir que par de nouveaux forfaits. Le trouble & la confufion feroient entrés dans le Gouvernement avec les meurtriers du Roi. Les principaux Miniftres euffent été déplacés, les premières charges de la Couronne vendues à leur avarice, & tous les honnêtes gens exilés. Les méchans ne veulent pas que les bons foient témoins de leur méchanceté; leur préfence eſt pour eux un reproche continuel.

Ceux qui ont dit que ce Miniſtre ne faiſoit arrêter tant de gens que par un eſprit de vengeance, ont dit mal. Il ſuffit de connoître le cœur humain pour être perſuadé du contraire. Lorſqu'un courtiſan brigue la faveur d'un Roi, il peut ſe ſervir de ce moyen pour détruire les vues & les deſſeins de ceux qui s'y oppoſent : mais lorſqu'il y eſt parvenu, & qu'il jouit de toute ſa confiance, la vengeance lui devient inutile ; ſouvent même elle peut lui être nuiſible.

C'eſt une mauvaiſe politique d'irriter tous les Grands d'un Royaume par des actes de ſévérité, ſans autre deſſein que de ſatisfaire ſon reſſentiment particulier. Un Miniſtre habile ſe gardera d'employer ce reſſort, qui eſt toujours mauvais par lui-même, lorſqu'il eſt parvenu au faîte des grandeurs : le ſeul moyen qui lui reſte eſt de ſe faire aimer, au lieu de ſe faire craindre. Il y a toujours à gagner de s'attirer l'amitié des hommes, au lieu de s'en aliéner les cœurs. Si un Ministre n'est pas humain par tempérament, il doit l'être par politique. Il est si aisé d'être modéré, lorsque la fortune nous élève au-dessus de tous les autres, que ce n'est pas la peine alors de se passer de cette vertu.

Voici d'autres réflexions. La cruauté est une passion de l'ame qui exerce sa fureur sur tout ce qui l'environne : parens, alliés, amis, tous en ressentent les effets. Le domestique du Ministre cruel, sur-tout, est le premier qui en souffre.

Il y a aujourd'hui tout plein de gens à Lisbonne, qui ont connu personnellement ce Marquis ; les uns l'ont suivi, les autres l'ont servi. Il y en a qui ont vécu long-temps avec lui, ils peuvent rendre ce témoignage de son caractère ; *qu'il n'en fut jamais de plus modéré.* Or, il est difficile d'être cruel à la cour, & humain à la ville.

Ce qui fait que l'on condamne les Ministres, c'est qu'on n'est pas à portée de connoître les causes qui le font agir ; &

qu'on les juge presque toujours sur des apparences le plus souvent trompeuses, ou au moins douteuses.

Ceux qui ont suivi de près les différens périodes de son Administration, savent qu'il ne se montra austère & rigoureux qu'après l'assassinat du Roi, & la Sentence rendue contre les coupables.

Quelle est donc la cause de cette sévérité qui porta ce Ministre à faire arrêter tant de Grands ? la voici : aussi est-il temps de déchirer le voile qui la couvre, pour la faire passer à la postérité. Séparée des préjugés, qui, jusqu'ici, l'ont cachée aux yeux de l'Univers ; c'est dans la conjuration elle-même qu'il faut chercher leur détention. Quoiqu'on eût puni de mort les grands criminels de lèze-Majesté, ce crime avoit laissé derrière lui de longues traces. Lorsque les principaux chefs furent arrêtés, on saisit leurs papiers. Ceci découvrit un grand nombre de coupables qu'on ne connoissoit pas, & qui, s'étant tenus cachés derrière le procès qu'on fit aux assassins, avoient échappé à la rigueur des loix.

Un Portugais, attaché au service de ce Ministre, qui fut chargé de la lecture de ces papiers après l'exécution des criminels, nous a assuré que plusieurs contenoient des preuves convaincantes, que leurs Auteurs avoient eu part à la conjuration, comme on peut en juger par les morceaux détachés qui se trouvoient dans ceux-ci.

On lisoit ces maux dans la lettre d'un Seigneur portugais, écrite de Lisbonne au Duc d'Aveiro, qui étoit alors au-delà du Tage dans une de ses maisons de plaisance: *J'ai lu le plan que Votre Excellence m'a envoyé sur la grande affaire, il est bien concerté ; s'il est exécuté comme il est projetté, je le regarde comme immanquable.*

Dans celle d'un autre Seigneur écrite au même Duc, il s'exprimoit ainsi : *J'approuve votre dessein. Dans l'état actuel des choses, il n'y a point d'autre parti à prendre. Pour anéantir l'autorité du Roi Sébastien, il faut détruire celle du Roi Joseph.*

Un troisième lui écrivoit ainsi : *Excel-*

lence ! si vous avez besoin d'un Acteur dans la pièce nouvelle, je vous offre mes services : je suis excellent pour le grand tragique : je meurs d'envie de jouer le rôle de *Brutus :* mettez-moi donc aux prises avec *César.*

S'il y avoit des Conjurés qui se confioient, il y en avoit qui craignoient. Un Portugais, qui savoit la conjuration, disoit à un de ceux qui devoient l'exécuter : *Prenez-garde au tigre & au lion ; si vous tombez dans la fosse, ils vous dévoreront.*

Le même s'expliquoit ainsi dans une autre lettre : *Je crains bien que votre conseil ne soit trop nombreux : lorsque quinze personnes sont du secret, il cesse d'en être un. Dans ces occasions, il suffit de trois têtes dans un bonnet.*

Après la découverte de la conjuration, avant qu'on arrêtât les coupables, un Seigneur écrivit ainsi au Marquis de Tavora : *La tranquillité de cet homme m'effraie ; il paroît n'avoir aucune inquiétude sur ce qui vient de se passer. Je le connois assez pour*

être persuadé qu'il se prépare à une vengeance barbare. *Prenez vos mesures là-des-
sus , & arrangez-vous en conséquence. Je
sais bien qu'il ne vous reste qu'un parti extrême ; mais de tous les spectacles , il faut
éviter le plus infâme.*

Un billet anonyme , adressé au Duc d'A-
veiro , étoit conçu ainsi : *Je donne avis à
Votre Excellence , qu'on vient d'arrêter un
de ses domestiques ; j'ignore s'il aura parlé ;
mais tout ce que je sais , c'est qu'il n'a plus
paru.*

Un autre , porté secrétement à l'ancien
Vice-Roi des Indes , s'expliquoit en ces
termes : *Je vous préviens que j'ai des avis
certains que l'Argus de la Cour a tout lu ,
tout vu , tout su , concernant la grande
affaire. Je vous conseille donc de vous adres-
ser à Dieu ; car du côté des hommes , je
crois qu'il n'y a plus de ressource.*

On sait que ceux qui connoissent la
Conjuration contre le Roi , & qui ne la
déclarent pas , sont coupables du crime
de lèze-Majesté au premier Chef, comme

les affaffins qui l'exécutent : ainfi, c'étoit en quelque façon une forte d'humanité, que de condamner à la prifon des coupables que le Roi condamnoit à la mort : c'eft ce que perfonne n'a dit, & qu'aucun faifeur d'Annales n'a publié : c'eft que cet endroit de l'Adminiftration du Miniftre a été fe-cret, & qu'aucun Auteur particulier n'a cherché à le pénétrer.

CHAPITRE VI.

Prétexte imaginé pour justifier les coupables.

DE toutes les conjurations qui, dans nos temps modernes, ont attenté sur la vie des Rois, on n'en connoît aucune dont les preuves aient été aussi convaincantes que celles du Portugal. Les conjurés allèrent au-devant de leur Jugement, & si l'on peut s'exprimer ainsi, dictèrent euxmêmes leur Sentence. Les uns avouèrent leur crime dans les tourmens : les autres le confessèrent par les remords qui naissent ordinairement à l'approche de la mort. Tous furent convaincus avant que de monter sur l'échafaud.

Le Gouvernement de son côté, pour n'avoir rien à se reprocher, créa un Parlement, dont les Membres furent tirés des différens Tribunaux, tout exprès pour juger cette grande affaire, où il s'agissoit de la vie de plusieurs Grands du Royaume, & de l'honneur des premières Maisons de l'Etat : & afin qu'elle fût décidée avec cette justice intègre, qui n'admet aucune particularité, Joseph Ier établit un second Tribunal, dont les fonctions se réduisoient à recevoir toutes les déclarations, & tous les actes favorables qui pouvoient servir à justifier les accusés. On ne trouve aucun trait de clémence dans les annales des Rois échappés à la mort par une conjuration, qui approche de celui-ci. Il ne se trouva personne dans ce second, qui se présentât pour les disculper ; au lieu que dans le premier, des témoins déposèrent juridiquement contre les conjurés. Cependant il s'est trouvé des gens assez mal intentionnés pour mettre en doute un procès avéré par des faits. Les délits les plus énormes sont moins odieux que le mensonge qu'on emploie pour les justifier. Il n'y a rien de si horrible dans la nature, que de chercher à couvrir du voile de l'innocence des crimes qui la déshonorent. Des coupables punis font l'image de la juftice divine, qui veut que la peine foit la fuite du délit. Renverfer cette loi, c'eft changer l'ordre de la fociété, c'eft s'en prendre à la fois au Ciel & à la terre.

On a dit, & on a écrit dans plufieurs Livres, que la conjuration n'avoit jamais exifté ; qu'elle n'étoit qu'un nom, que l'ambition de ce Miniftre avoit donné à un crime idéal, pour acquérir la faveur du Roi, & fe défaire de ceux qui pouvoient s'oppofer à fes vues & à fes deffeins. Pour fe convaincre de la fauffeté de cette imputation, il fuffit de faire l'analyfe du cœur humain. La méchanceté qui porte l'homme à la fcélérateffe n'eft point ifolée ; elle tient à d'autres forfaits qui font liés les uns aux autres. Nul ne fut un grand fcélérat du premier coup : il faut que fon ame fe roidiffe contre les vices, qu'il fe défaffe d'une foule de préjugés attachés à fon éducation, fur-tout qu'il ait commis plufieurs crimes, avant que de commettre un grand crime. C'est la marche ordinaire du cœur humain de tous les âges, de tous les siécles, & de toutes les générations. Avant l'époque de la conjuration, on n'avoit point remarqué dans le Marquis de Pombal aucun indice d'une ame atroce. Il avoit de l'ambition; mais elle n'étoit point réfléchie sur des crimes qui font frémir.

D'ailleurs, il n'est point vrai qu'aucun des conjurés pût lui barrer le chemin qui devoit le conduire à la faveur du Monarque, il en étoit déjà en possession. Ceux qui ont suivi de près les annales du Portugal, savent que ce Ministre, avant la conjuration, avoit la clef du cabinet, & présidoit au Conseil suprême. Les services qu'il avoit rendus à l'Etat par une suite de Réglemens utiles; les peines, les travaux, & les soins qu'il s'étoit donnés pendant les tremblemens de terre, la lui assuroient inviolablement.

Voici d'autres réflexions. Un homme d'Etat qui veut parvenir à l'Administration suprême, peut prendre l'alarme, lorsque ceux qui font autour du Trône font eftimés particulièrement du Prince, foit par leurs talens, leur mérite, ou des fervices rendus à la Couronne; mais ce n'étoit point là le cas du Miniftre. Alexandre-Gufman, qui auroit pu feul lui difputer la gloire de gouverner l'Etat, n'étoit plus. La mort avoit arraché d'auprès du Trône l'unique émule qu'il pouvoit craindre.

A l'égard des conjurés, il étoit en fûreté de leur côté. Le Duc d'Aveiro ne jouiffoit d'aucune confidération à la Cour, ni d'aucune eftime à la Ville, quoiqu'en général on ne le prît pas pour un lâche affaffin, peu de gens à Lisbonne penfoient qu'il fût honnête homme : on vient de voir fon caractère. Il n'avoit paffé par aucun grade, par aucun travail qui pût le faire parvenir à l'Adminiftration des affaires. Le Marquis de Tavora, comme on vient de le voir auffi, étoit un vieillard fans vues, fans deffeins, plus honnête qu'intrigant; le refte de la conjuration étoit compofé de jeunes gens, ou de domeftiques, dont il n'avoit rien à craindre..

Le Miniftre n'avoit donc aucune raifon pour fuppofer une conjuration contre la vie du Roi , & encore moins de faire mourir les chefs des premières familles du Royaume , qui étoient hors d'état de lui nuire. Lorfqu'on veut connoître le fond de cette affaire , il faut partir de ce principe. Mais comme il eût été très-groffier de nier totalement une conjuration , on en a fuppofé une , dans laquelle on a imaginé une fable qui prouve , ou qui cherche à prouver que ce n'étoit point à la vie du Roi qu'on en vouloit , mais à celle d'un de fes domeftiques. La voici telle qu'elle eft rapportée dans l'Auteur des Mémoires.

« Parmi les Officiers attachés au fervice » du Palais , dit cet homme , il y en avoit » un que le Roi diftinguoit de tous les au- » tres , pour qui il avoit un véritable atta- » chement. Cet Officier , nommé Pierre » Texeira , favoit fi bien fe prêter aux de- » firs de fon Maître , qu'il étoit parvenu » peu à peu à en être traité moins en fujet

» qu'en ami. Il avoit obtenu toute sa con-
» fiance ; mais Joseph Ier s'en servoit sur-
» tout pour quelques commissions qui exi-
» geoient autant de mystère que de fidélité.
» Confident des amours de ce Prince,
» c'étoit lui qui l'accompagnoit dans son
» carrosse, toutes les fois qu'il sortoit la
» nuit pour aller voir en secret ses maî-
» tresses. Une faveur aussi déclarée, une
» prédilection si marquée de la part du Mo-
» narque, avoient inspiré à Texeira un or-
» gueil insupportable. Le Duc d'Aveiro,
» Grand-Maître de la Maison du Roi, &
» qui, en cette qualité, avoit sur tous les
» domestiques du Palais une autorité très-
» étendue, donna un jour à Texeira, je ne
» sais quel ordre, qui demandoit une
» prompte exécution. Celui-ci s'en excusa
» d'assez mauvaise grace. Le Duc, natu-
» rellement haut & incapable de souffrir la
» moindre résistance, lui dit d'un ton im-
» périeux & menaçant : *Obéissez sans ré-*
» *plique. Il ne me plaît pas*, lui répondit
» l'insolent Officier. Ah ! infâme *Mercure*,
» répartit

» répartit le Duc en fureur, je sais bien
» ce qui t'enhardit à me répondre de la
» sorte. Hé bien, oui, répliqua Texeira,
» avec une impudence & une audace sans
» exemple, je ne m'en défends pas, je me
» tiens honoré de cet emploi au service du
» Roi mon maître, & je tâche d'en rem-
» plir de mon mieux les fonctions auprès
» de la Duchesse & de la fille de votre
» Excellence. Le Duc furieux de la ré-
» ponse outrageante de Texeira, porta la
» main sur son épée pour laver cette in-
» jure dans le sang de son auteur. Mais la
» réflexion du lieu où il se trouvoit, &
» du crime de lèze-Majesté dont il alloit
» se rendre coupable, à raison de cette
» circonstance, l'arrêta. il se contenta de
» dire à ce domestique téméraire : Rends
» grace, malheureux, aux murs de ce Pa-
» lais qui te dérobent dans ce moment à
» ma vengeance ; mais sois sûr que tu ne
» m'échapperas pas ». Depuis lors, ajoute
» l'Auteur fabuleux, le Duc épioit les oc-
» casions de se défaire de son ennemi, &

» cherchoit fur-tout à le joindre pendant
» la nuit, pour venir plus aifément à bout
» de fon deffein ».

De toutes les hiftoires qui ont été inventées pour juftifier un grand crime, il n'en fut jamais de plus fauffe.

On voit par cette même fable, que le Duc d'Aveiro avoit réfolu de perdre cet homme, mais qu'il avoit de grandes précautions à prendre pour s'en défaire. Comment concilier cela avec cette fierté, cette hauteur & cette arrogance qui l'avoient porté contre lui à mettre la main fur la garde de fon épée dans la Maifon du Roi même. Mais quand il feroit vrai qu'il eût quelques précautions à prendre, où a-t-on trouvé qu'il fallût une conjuration dans les formes pour fe défaire d'un particulier. Un homme comme Texeira valoit-il un complot pour lequel devoient s'affembler & délibérer les premiers de l'Etat, & falloit-il choifir une nuit pour tirer fur une chaife du Roi, fans autre deffein que de tuer fon domeflique. Sait-on ce qu'on fait, lorsqu'on tire fur une voiture roulante ? Ne peut-on pas tuer le maître au lieu du valet ? Une preuve qu'on vouloit tuer le Roi, c'eſt qu'on le bleſſa, & on ne le bleſſa, que parce qu'on ſavoit la place qu'il occupoit dans la chaiſe. Pour réſumer, falloit-il tant de précautions pour ſe venger d'un particulier, ſur-tout dans un Royaume où un Seigneur n'a qu'à dire le matin au moindre de ſes vaſſaux, qu'il veut faire mourir un homme, pour qu'il ſoit mort le ſoir ? Lorſqu'on publie un menſonge, il faut qu'il ait l'apparence de vérité, ſans quoi, faute de lui faire perdre ſon caractère, il reſte menſonge.

Voici un autre prétexte, ou, pour mieux dire, une ſeconde imputation. Pour diſculper les coupables, on charge le Miniſtre. On a dit qu'il s'étoit trop mêlé de l'affaire de la conjuration ; que ce procès étoit plus du reſſort de la Juſtice diſtributive que du Gouvernement politique; que le Conſeil du Prince eſt d'un ordre diſtinct de celui qui repréſente les loix;

encore ici on a dit mal. Par la conſtitution monarchique, le Roi eſt la loi lui-
même ; c'eſt le centre où aboutiſſent toutes
les lignes de la Juſtice ; il peut évoquer
à ſon Conſeil particulier toutes ſortes d'affaires , tant civiles que criminelles. Or , s'il
a ce droit , il a celui de les communiquer
à ſon Miniſtre , qui , ſans être Juge lui-
même , peut établir un Tribunal de Juſtice extraordinaire , ſur-tout lorſqu'il s'agit
d'un crime de lèze - Majeſté au premier
Chef.

Ceux qui connoiſſent la lenteur des
Tribunaux ordinaires , ſavent que ce
ſont des corps inanimés qui reſtent ſans
action juſqu'à ce que quelqu'accuſation
générale ou particulière vienne les mettre
en mouvement. Sans celle - ci , ils reſtent
immobiles au milieu des délits qui ſe commettent. C'eſt l'affaire d'un Procureur-Gé-
néral , l'homme du Roi , le vengeur public
des crimes , mais qui ne les venge pas
toujours. A peine le Miniſtre eſt-il informé
de l'aſſaſſinat , qu'il devient l'homme du

Roi ; il remplit la place de cet Officier ,
il fait des perquisitions secrettes , il s'in-
forme , il agit , il fouille dans les replis les
plus cachés de ce crime ; & , lorsqu'il a
affez de convictions , il fait arrêter les coupables , & érige un Tribunal pour les juger.
Il tire fes Membres des différens Corps
judiciaires avec trois Nobles qui doivent
y préfider. C'eft ici que la calomnie arrive
à fon comble. On a dit qu'il avoit compofé
ce Tribunal de fes créatures, qui , dévouées
à fes ordres , devoient juger les accufés ,
comme il le leur ordonneroit , ou , ce qui
eft le même , qu'il avoit corrompu tous les
Juges; chofe impoffible dans l'ordre naturel
des procédures, & plus encore par la difpo-
fition qui fe trouvoit alors dans les efprits
des Portugais.

Règle générale , les Miniftres n'ont point
d'amis. Plus ils fe font aimer du Prince , &
moins on les aime. Il fuffit qu'un Roi dif-
tingue un particulier , qu'il l'approche du
Trône , qu'il l'honore de fa confiance , qu'il
en faffe fon confident , pour qu'il foit envié ;

c'est-à-dire, haï, son crime est dans sa faveur, ceux mêmes qui tiennent tout de lui sont les premiers à le desservir ; voilà l'homme : les obligations blessent son amour-propre ; celui qui reçoit est trop humilié pour être reconnoissant ; c'est le bienfait lui-même qui le rend ingrat. Le Ministre se seroit perdu lui - même, s'il avoit conçu le dessein de corrompre un Tribunal entier de Juges, pour rendre coupables tant d'innocens. Le crime de l'injustice eût percé de toutes parts, & fût arrivé jusqu'au Trône. On sait au contraire que plusieurs de ceux qui formoient ce Tribunal, ne voulurent donner leur jugement qu'après un mûr examen du délit. On peut citer un de ces Magistrats, nommé *Bacailleau.*

CHAPITRE III.

*Nouveaux soupçons d'un second crime
de lèze-Majesté.*

LES conjurations contre la vie des Rois,
font comme ces grands phénomènes qui
laiffent après eux des traces de leur première fureur. Ce crime, à la différence des
autres crimes, s'irrite par le remède même
qu'on emploie pour le guérir. L'exécution
des coupables, qui devroit l'éteindre, ne
fert fouvent qu'à le renouveller ; fur-tout
lorfque ceux qui l'ont commis font des
premiers de l'Etat. Les parens voient dans
la Sentence une infamie rétroactive fur
leur famille. La vengeance s'en mêle. On
jure une haine implacable contre ceux qui
ont découvert la conjuration, & l'ont fait
punir.

Le procès des coupables fuffit fouvent

L 4

pour conjurer de nouveau. On voit par celui-ci que les chefs n'ont pas pris des mefures bien juftes, & qu'ils n'euffent pas manqué de réuffir, s'ils en avoient choifi de meilleurs. C'eft fur ce nouveau plan qu'on arrange fes nouvelles idées, qui paroiffent d'autant plus juftes, que c'eft pour les avoir négligées que la conjuration a manqué. Ceci mène à une réflexion bien trifte, que la méchanceté de l'homme tient à fon exiftence, puifque dans la découverte des crimes, le châtiment le plus exemplaire ne le fait point changer de caractère.

Le iniftre fut informé qu'il fe tramoit une nouvelle conjuration contre le Roi. Peut-être ne fut-ce qu'un foupçon ; car, dans ces momens d'étonnement qui fuivent une action inopinée, on donne ce nom à tout ce qui n'en a que l'apparence. Le Confeil de l'Inconfidence, ce Tribunal, qui avoit fait mourir le Duc d'Aveiro & fes complices, s'affembla pour prendre en confidération cette affaire. Plufieurs fujets furent arrêtés, parmi lesquels se trouvèrent des Princes, des Seigneurs, des Prélats, des Chanoines, des Moines, des Confesseurs, des Marchands, & autres Particuliers qui furent envoyés en prison; le sujet de leur détention, & l'instruction de leur procès ne furent point publiés. On ne manqua pas d'en faire un crime à Carvalho. Mais dans ces temps de calamité où les esprits sont irrités par les malheurs publics, tout sert de prétexte pour accuser d'injustice celui qui s'arme de glaive pour punir les criminels de lèze - Majesté.

On a écrit dans quelques livres, que ces dernières victimes avoient été sacrifiées à son ambition, parce qu'elles s'opposoient à son élévation. Mais on a mal écrit. Ce n'est pas connoître le cœur humain, que de l'accuser d'une pareille scélératesse : quoique la passion de s'agrandir soit la plus vive de toutes les passions, il faut distinguer les temps. Lorsque l'ambition trouve de grands obstacles, elle fait les plus grands

efforts pour les affranchir ; mais , quand
elle a rempli son objet , elle devient tranquille. Dans cet état , le favori de la fortune ne pense plus qu'à jouir de son élévation. Voilà l'homme , soit à la cour , soit
à la ville.

CHAPITRE IV.

Carvalho est fait Comte d'Oeyras.

Tant de soins, de peines & de travaux de la part du Ministre qui venoit de dissiper une conjuration, rassurer le Trône, rétablir la tranquillité publique, engagèrent le Roi à faire Carvalho Comte d'Oeyras. C'étoit un petit domaine qui lui appartenoit en propriété, que le Prince érigeoit en Comté. Ce n'étoit qu'un nom de plus dans sa famille. Jusques-là, cet agent de la Couronne n'avoit point eu de titre & n'en avoit brigué aucun. Celui qui pouvoit disposer de tout pour les autres, n'avoit disposé de rien pour lui : modération bien rare dans un homme d'Etat, à qui la faveur ouvroit toutes les portes de la fortune, & qui, au lieu de grandes richesses, s'est contenté d'un simple honneur. Il est vrai que le Monarque ajouta

à celui-ci une Commanderie, mais dont
le revenu étoit si peu considérable (1),
qu'il eût à peine suffi pour servir de récompense dans un autre Etat à un premier
Commis des affaires étrangères. Ce titre,
ainsi que ce nouveau revenu, ne changerent
rien à sa première simplicité. Il vécut comme
auparavant, en simple particulier, sans faste
& sans ostentation. La faveur du Roi,
qui augmentoit tous les jours, n'ajouta rien
à son caractère. Elle n'eut d'autre effet sur
lui, que de multiplier ses occupations, &
redoubler ses travaux.

Il est vrai qu'après l'exécution des grands
criminels qui étoient alliés aux premières
maisons du Royaume, il ne parut plus en
public, qu'au milieu d'une troupe à cheval. Cette troupe n'étoit point composée
de Gardes-du-Corps comme celle de Ma-
zarin, Ministre qui cherchoit à se donner
en spectacle par un faste militaire peu con-

____

(1) 4500 cruzades, environ 10000 livres tournois.

forme à son état , & qui devoit rendre compte de sa personne au Gouvernement.

Par un effet de la malignité naturelle à l'homme , un Ministre qui fait de grandes choses devient l'objet de la critique universelle. L'envie , cette passion basse & honteuse qui avilit l'ame , voit toujours avec chagrin ceux que les qualités & les talens mettent au - dessus des hommes ordinaires. On leur pardonne tout , excepté leur élévation : de - là vient que les plus grands Ministres ont été les plus persécutés. Cette fatalité n'est point une chose vague ; elle est confirmée par le corps entier de l'Histoire. Le Portugal peut ici nous servir d'exemple depuis la grande révolution qui avoit placé le Duc de Bragance sur le Trône. Ces Annales ne nous parlent d'aucun homme d'Etat : il semble que ce Royaume se soit gouverné de lui-même , & qu'il n'eut point de Ministre , tant on a fait peu mention d'eux , tant on les a peu nommés : c'est que ceux qui

étoient à la tête des affaires, en mourant,
avoient laissé les choses dans le même état
qu'ils les avoient trouvées : mêmes mœurs,
mêmes corruptions, mêmes vices, mêmes
désordres. A peine Carvalho eut - il jetté
le plan d'une réforme générale, qu'on se
plaignit hautement de son Administration.
Il n'y eut qu'une voix sur son despotisme,
& sur l'abus qu'il faisoit de l'autorité royale.
Voilà les nations, voilà les peuples, ou,
pour mieux dire, voilà les hommes. Ils se
plaignent sans cesse d'être mal gouvernés,
& ils poussent les hauts cris lorsqu'on veut
les mieux gouverner : ils voudroient vivre
à leur aise, jouir de toutes les commodités au milieu de la corruption qui
les a fait dégénérer. Ils n'ont pas même
la justice d'ouvrir l'histoire, qui seule pourroit apprendre aux peuples, ce qui les a
rendus heureux dans un temps, & malheureux dans un autre. Les Portugais n'avoient
qu'à lire leurs Annales, pour connoître la
cause de leur grandeur & de leur déca-

dence ; ils auroient découvert dans celle-ci, que, lorfqu'ils avoient été actifs, laborieux, infatigables, ils s'étoient rendus puiffans ; & que, par les vices contraires à ces vertus, ils étoient devenus foibles & languiffans. A peine ce Miniftre eut-il voulu leur rappeller les temps glorieux de la Monarchie ; il n'eft point de perfécutions, pendant fon Adminiftration & après fon Miniftère, qu'il n'effuya. On alla plus loin. Après la mort du Roi, on lui fit fon procès. On condamna à mort celui qui, pendant vingt-cinq ans, s'étoit occupé des foins de rendre la vie à fa patrie. O hommes ! ferez-vous toujours ingrats ? ferez-vous toujours injuftes ? quoi ! pousferez-vous toujours l'ignorance, ou, pour mieux dire, la perfidie jufqu'à vouloir flétrir la mémoire de ceux qui cherchent à vous rendre heureux ? Eh bien, pour vous punir de votre fcélérateffe, vous vivrez dans les horreurs de la corruption, du vice, du trouble & de la confufion, jufqu'à ce qu'une

révolution générale vous ait appris que le
fouverain bien eft dans la fageſſe du Gouvernement ; & que cette fageſſe eft dans les
mains de celui qui dirige l'Empire, comme
la conduite d'un vaiſſeau eft dans celles du
Pilote qui le gouverne.

CHAPITRE

CHAPITRE V.

Rétablissement de la Ville de Lisbonne.

JE supplie qu'on me permette d'ouvrir ce Chapitre par une réflexion préliminaire sur les Capitales. Si la magnificence & la splendeur des métropoles ne servoient qu'à donner une idée de la grandeur & de la richesse des Etats, il faudroit les restreindre dans des bornes plus étroites que celles qu'on leur a données dans nos temps modernes, sur-tout, si on vouloit éviter la corruption des citoyens. Règle générale ; plus on rassemble d'hommes dans un même lieu, & plus on irrite leurs desirs. Les mœurs sont toujours corrompues dans la proportion de la grandeur de la ville & du nombre de ses habitans.

Ce vice local est indépendant des temps, des âges & des générations. Pour se convaincre de cette vérité, il suffit d'ouvrir

les Annales du monde. Tandis qu'Athènes
resta une pauvre petite ville, elle conserva
son innocence, & elle né dégénéra qu'a-
près qu'elle se fut agrandie.

Jamais Rome ne fut plus digne d'ad-
miration, que lorsque quelques cabanes de
Pasteurs formoient sa ville. Mais, dès
qu'elle devint une Capitale, & une Capitale immense, elle se donna en spectacle
à l'Univers par des crimes énormes.

Constantinople éprouva le même sort,
lorsqu'elle fut devenue la seconde Métro-
pole de l'Univers; & ceci est remarquable;
car comme les hommes ont eu dans tous
les temps les mêmes passions, les occasions
qui produisent les grands changemens, sont
différens, mais les causes sont toujours les
mêmes.

Cette corruption des Capitales des anciens a passé jusqu'à nous. Paris & Londres
sont deux grands cloaques remplis d'or-
dures. Il n'est pas aisé de supputer les vices
qui régnent dans une société où un homme
est un spectacle pour un autre, où chacun

cherche à prendre la condition de celui qui le précède , où tous les individus , voulant paroître ce qu'ils ne ſont pas , ſont obligés de ſe montrer différens de ce qu'ils ſont , où la claſſe la plus indigente cherche à imiter la plus opulente , & veut avoir comme elle des trains , des équipages, des maîtreſſes , des chiens , des chevaux.

Lorſque Pierre Ier vint à Paris au commencement de ce ſiècle , il en examina l'enſemble avec cette réflexion profonde d'un grand homme. Il calcula tout , il peſa tout , il vit tout , & ſe trouva par - tout. Après qu'il eut examiné les mœurs de la cour & de la ville, & démêlé les intrigues de l'une & de l'autre , il mit le prix à chaque choſe, non pas ſelon l'eſtime qu'en avoient les François , mais ſelon ce qu'elles valoient. Lorſqu'il fut prêt à partir, un courtiſan de Louis XIV , qui avoit vieilli dans la corruption des mœurs de ſon ſiècle , lui ayant demandé comment il trouvoit cette Capitale : admirable , lui répondit ce Prince; elle a des étabiiſſemens frappés au coin du grand, qui feroient honneur au règne d'Augufte : mais, fi j'en étois le maître, j'y mettrois le feu aux quatre coins, pour éteindre dans les flammes une corruption univerfelle, qui ne peut finir que par un incendie général. Ce portrait laconique rend mieux la dépravation des mœurs de cette ville, que tous les verbiages du Tableau de Paris (1).

En Angleterre, les bons citoyens habitent la campagne, & les intrigans la ville. Chacun cherche à Londres à s'enrichir, & à faire ce qu'on appelle *fortune*. Ce defir eft fi grand, qu'il occupe toute la capacité de l'ame, & ne laiffe pas le choix des moyens : & , comme les plus malhonnêtes font les plus courts pour arriver au but qu'on fe propofe, on leur donne la préférence fur ceux qui portent un caractère de droiture & d'équité.

Au Sénat, on eft royalifte ou républicain, dans la proportion de la fomme

____

(1) Livre nouveau qui a paru fous ce titre.

qu'on retire , pour être l'un ou l'autre. Les vertus citoyennes fe vendent à l'en- chère comme une marchandife dont on cherche à tirer le meilleur parti poffible. Les Démofthènes Bretons ne parlent avec force & énergie en Parlement , que pour obtenir des places lucratives qui les enri- chiffent. Il ne s'agit pas de la chofe , il eft queftion de l'utilité qu'elle procure. Il y a un tarif en efpèces au cours pour les qualités qui font parvenir au rang de grand Citoyen ; c'eft de la mefure de la fomme que dé- pend celle-ci. Trahir la patrie , manquer à fa parole , oublier fes engagemens , de- venir ingrat & perfide , cela s'appelle à Londres changer de parti.

Quelle Religion , quelle morale peut- on trouver dans une Ville où on ne parle qu'argent , où l'on ne s'occupe que d'ar- gent , où l'on n'agit que pour avoir de l'ar- gent , où l'on n'eft eftimé que parce que l'on a de l'argent ?

Dans une Monarchie , la Capitale feule eft plus corrompue que tout le Royaume.

M 3

Pour se convaincre de cette vérité, il suffit de fixer ses regards sur les individus qui occupent chaque portion du domaine. Les campagnes, les villages, les provinces, les hameaux sont habités en général par des colons, des laboureurs, des paysans, des manœuvres, des bergers, des ménagers, des fermiers, qui font valoir les terres. Les Capitales sont remplies de Financiers, de Capitalistes, de Rentiers, de Commis, d'Ecrivains, de Chanteurs, de Danseurs, de Comédiens, de Cuisiniers, de Valets-de-chambre, de Valets de pied, de Laquais, d'Ecuyers, de Cochers, de Traiteurs, d'Aubergistes, de Marchands de vin, de Cabaretiers, d'étrangers, d'intrigants, de fripons, de voleurs, d'Huissiers, de Sergents, de Records, &c. &c. tous gens qui vivent aux dépens de ceux qui font valoir les terres de la campagne, dont le travail augmente dans la proportion du nombre de ceux-ci, nombre qui s'accroît tous les jours.

Pour prouver que la corruption de la Capitale eft plus confidérable que celle du refte d Royaume, il fuffit d'une fimple expérience. On fait que la population de Paris eft d'environ neuf cents mille ames. Qu'on choififfe cent villages qui contiennent féparément le même nombre d'hommes; qu'on ôte les défordres qui s'y commettent, c'eft-à-dire, les injuftices, les fraudes, les vols, les morts, les affaffinats, on trouvera qu'il fe commet plus de crimes à Paris dans un jour, qu'il ne s'en commet dans ces cent villages de la France dans un an. Les vices relatifs des deux fociétés font donc la proportion d'un à 365: c'eft donc le même nombre d'hommes affemblés dans un même lieu, qui ouvre la porte aux différentes corruptions, & qui fait qu'il y a beaucoup de crimes, parce que beaucoup de gens fe rendent criminels.

Si les Rois venoient une fois à reconnoître cette vérité, & il ne tient qu'à eux de s'en convaincre, bien loin de permettre, comme ils le font, d'étendre les limites de leurs Capitales, on les réduiroit à de juftes limites. On fait que Paris & Londres (pour ne parler que de celles-ci) n'en ont point, & que par un vice local, dont perfonne ne prévoit les inconvéniens , on ajoute toujours de nouvelles villes à l'ancienne ville , ce qui n'a d'autre effet que d'augmenter le trouble & la confufion dans ces deux Royaumes.

Par vne feconde fatalité , qu'on ne fauroit trop déplorer , la plupart des établiffemens des grandes villes font marqués au coin de l'oifiveté. Il fe lève tous les matins dans Paris cinquante mille perfonnes , tout exprès pour aller habiter dans des réduits, qu'on nomme *Cafés* , où ils font leur réfidence ordinaire. Après avoir humé d'une liqueur noire , ils paffent leur vie à pouffer des morceaux d'os de figure ronde dans de petits quarrés qui font les uns auprès des autres fur une table , ou à faire mouvoir, dans le même efpace, de petites figures d'ébene , où la marche & contremarche fixe autant leur attention , que s'il s'agiffoit d'une affaire d'Etat : & en effet, c'en eft une pour des gens qui ne s'occupent que de cela & ne s'appliquent qu'à cela.

Après ceci, on voit autant de promeneurs de profeffion, qui fe font un métier d'arpenter les Jardins publics. Il faut bien que ces diffipations ne diffipent point, puifqu'on voit peint fur leur vifage l'ennui mortel qu'ils promènent avèc eux. Ils fortent nonchalamment des Tuileries pour fe traîner péfamment au Jardin du Palais-Royal, où ils achèvent leur glorieufe journée. Quoique ces promeneurs de profeffion paffent leur vie fans rien faire, il ne faut pas croire qu'ils meurent fans avoir rien fait. Après cinquante ans d'une vie ambulante, ils finiffent leurs jours à la fuite d'un voyage de foixante mille lieues, dans un terrein de quelques toifes de circuit.

Mais ceux qui veulent s'occuper d'objets plus grands & plus nobles, paffent tous les jours régulièrement quatre heures au Théâtre en qualité de fpectateurs à l'Ecole du monde, où ils apprennent toute autre chofe que le monde ; car on a re-marqué qu'un homme qui a paflé quarante ans dans le Parterre de l'Opéra ou de la Comédie, eft un être ifolé, qui n'a ni con-noiffance ni favoir.

Cependant les goûts, les amufemens des jardins, des fpeétaclas, attirent de toutes parts dans la Capitale la grande & la petite Nobleffe, ainfi que les gens riches, pour y profiter de ce qu'on appelle les agrémens de la grande fociété. Un Gentilhomme campagnard vit plus dans un jour à Paris qu'il ne vit en un mois dans fa Province. Il vit pour cette foule d'amufemens & plai-firs, qui ceffent d'en être lorfqu'ils font trop fréquens.

De cet engorgement de peuple dans un même lieu, fuit la diminution des hommes. On fait, par une expérience connue, que ce font les campagnes qui peuplent les Capitales ; ce font celles-là qui fuppléent à ces mortalités continuelles dont le genre de vie, auffi forcé que peu naturel, remplit les tombeaux. A chaque luftre, il fort des recrues confidérables des villes fubalternes pour fuppléer à la dépopulation continuelle qui fe fait dans Paris. Il y auroit bien des chofes à dire fur cette économie locale des hommes, mais il ne faut pas toujours épuifer un fujet.

Le Comte d'Oeyras, en rétabliffant Lisbonne, cherche moins à conftruire une Capitale fuperbe qu'une ville commode, où la conftruction des maifons mette à l'avenir les habitans à l'abri des tremblemens de terre, où les rues, tirées au cordeau, facilitent la marche des citoyens, & où leur largeur les garantiffe des infections de l'air, & des mauvaifes odeurs inévitables dans une ville privée de conduits. En un mot, une ville eft faite pour les hommes, & non pas les hommes faits pour la ville.

CHAPITRE VI.

Moyen qu'employa le Ministre pour rétablir Lisbonne.

L'AFFREUX phénomène qui venoit de détruire la Capitale, avoit englouti le numéraire : il n'y avoit plus de trésor royal. Il falloit pourtant avoir les moyens de rebâtir Lisbonne. Carvalho engagea le Roi d'impofer un droit de quatre pour cent fur toutes les marchandifes étrangères. Dans le temps de profpérité, c'eft à l'Etat à fournir aux dépenfes publiques : dans celui d'adverfité, c'eft aux nations qui tirent avantage de fon commerce, d'en faire les frais. Il eft bien jufte que ceux qui s'enrichiffent aux dépens d'un Gouvernement, participent à fes viciffitudes. De toutes les taxes, celle-ci eft la plus légitime.

Le Miniftre d'Angleterre (c'étoit M. de Caftro) ne fut pas plutôt informé de ce nouvel impôt , comme il l'appelloit , qu'il en témoigna fa furprife & fon étonnement. Il s'en plaignit au Miniftre , lui repréfentant vivement , que c'étoit enfreindre les anciens Traités, comme s'il n'y avoit pas de calamités publiques qui l'emportent fur les engagemens les plus facrés. C'eft alors qu'on doit oublier les traités paffés , pour ne fe fouvenir que des maux préfens.

Si la politique étoit fondée fur l'humanité , elle prendroit ce caractère compatiffant , qui tend à rétablir la fociété qu'un incident imprévu a renverfée.

Tous les autres Miniftres fe joignirent à celui de la Grande-Bretagne, pour empêcher que cette nouvelle taxe ne passât. Chacun craignoit qu'elle ne portât atteinte à la manutention de la Couronne dont il étoit le repréfentant. C'eft un des grands inconvéniens de la main-d'œuvre , que cette fufpenfion qui fe trouve dans les arts méchaniques. De-là vient que tous les Etats d'induftrie font fubordonnés à des révolutions indépendantes des loix de la politique : c'eft ce que les grands Promoteurs des Arts n'ont pas prévu. Peut-être viendra-t-il un jour, où les Gouvernemens verront clair dans cette première branche de l'Adminiſtration, & que chaque Etat, uniquement occupé de ſes beſoins perſonnels, ſe livrera moins à ceux des autres. Si ce jour arrive jamais, il ſera un des plus heureux de l'Europe. Il y aura moins de batailles. La plupart des guerres qui naiſſent de cette économie, qui engage les Nations induſtrieuſes de porter aux uns ce qui manque aux autres, ſeront éteintes.

Cependant les plaintes des Agens des Couronnes étrangères furent inutiles. Carvalho ſe contenta de répondre en termes généraux : *Que le Roi ne manqueroit pas de prendre en conſidération un objet de cette importance, dès 'qu'il auroit à cet égard les inſtructions néceſſaires.* C'eſt-là le ſtyle ordinaire dont ſe ſervent les Miniſtres, lorſqu'ils ne veulent pas accorder ce qu'on leur demande. Chacun écrit à ſa Cour cette réponſe ; & les choſes reſtent

dàns l'état où elles étoient auparavant.
C'eſt ce que les Agens des Couronnes ap-
pellent des dépêches; & ces dépêches paſ-
ſent pour de la politique.

Mais une économie imprévue cauſa de
nouvelles alarmes à l'Angleterre. Lors du
grand phénomène, preſque toutes les marchandiſes étrangères avoient péri par le tremblement, l'eau & le feu. Pluſieurs milliers
d'habitans manquoient d'habits pour l'hiver.
L'Etat étant dépourvu de draps étrangers,
on s'habilla d'une étoffe de laine non teinte,
qui ſe fabriquoit dans le pays. Joſeph lui-
même parut en public vêtu de cette étoffe
groſſière, qui ſe vendoit à vil prix. Rien
n'encourage plus les hommes que l'exemple
des Rois. Toutes les claſſes ſe montrèrent
habillées de cette étoffe. La Nobleſſe ſur-
tout, qui affecte de ſuivre les uſages de
la Cour, ne fut pas habillée autrement.
Quelques calculateurs de ce temps-là ont
ſupputé que cette économie nationale avoit
formé une épargne de pluſieurs millions
de cruzades. On voit par-là qu'un phéno-

mène , qui appauvrit la nation , peut fervir lui-même à l'enrichir. Il eſt clair que , ſi le Portugal eût ſuivi les mêmes principes pour tous les autres objets de ſon commerce, il eût réparé toutes ſes pertes , & fût parvenu à l'opulence par le chemin même que les Adminiſtrations précédentes l'avoient conduite à la pauvreté.

Fin du Tome II.

TABLE

TABLE

DES LIVRES

ET DES CHAPITRES

Contenus dans ce Volume.

LIVRE V.

Tome II.   N

LIVRE VI.

LIVRE VII.

Fin de la Table des Livres & Chapitres.

PIECES

PIECES

JUSTIFICATIVES.

INSTRUCTION

Que Sa Majesté Très-fidelle a fait expédier à Dom François d'Almada son Ministre Plénipotentiaire en Cour de Rome, au sujet des crimes dont les Jésuites se font rendus coupables dans ce Royaume & dans le Brésil, pour en rendre compte à Sa Sainteté le Pape Benoît XIV, avec le Précis des attentats que ces Religieux ont commis dans le Nord & dans le Sud de l'Amérique Portugaise.

Du 8 Octobre 1757.

Il y a long-temps que Votre Excellence est instruite des intrigues séditieuses que les Jésui-

Nota. Nous prévenons nos Lecteurs qu'ils ne doivent s'attendre à trouver ici qu'une traduction très-littérale de ces

tes de Portugal ont tramées dans cette Cour, dans celle de Rome, & dans toutes les Cours d'Europe, contre le Service du Roi notre Maître, & l'intérêt public de ce Royaume & de ſes Conquêtes. Leur méchanceté leur a fait inventer, écrire, inſinuer & publier de prétendus malheurs, des déſordres imaginaires qui n'ont jamais exiſté. Le but que ſe propoſoit leur malice étoit d'imprimer de toute part dans l'eſprit crédule du Public tout ce qu'ils ont cru le plus capable de donner une idée finiſtre du très religieux, très-régulier & très heureux Gouvernement de Sa Majeſté. Ils vouloient par-là faire perdre de vue les avantages inexprimables que pour la gloire immortelle de Sa Majeſté, les Sujets du Portugal & des Etats qui en dépendent, ont retirés de ce Gouvernement, & qu'ils ne ceſſent de publier avec des bénédictions infinies & des prieres pour la conſervation de la vie & de la proſpérité de leur auguſte Bienfaiteur.

, Mais Votre Excellence ne peut pas encore ſavoir les vraies cauſes de ces abominables excès, parce que l'incomparable clémence de Sa Ma-

---

Pieces. Il nous a paru que la plus ſcrupuleuſe fidélité devoit en faire le principal mérite, & nous avons tout ſacrifié à cette conſidération.

jefté & fon extrême dévotion pour les glorieux Saint Ignace de Loyola, & Saint François Xavier & Saint François de Borgia, ont
fufpendu non-feulement l'infaillible juftice de
Sa Majefté, mais encore les effets de la protection qu'Elle doit à fes Sujets pillés & opprimés. Sa Majefté efpéroit que tant de modération pourroit opérer l'amendement de défordres fi grands & fi extraordinaires, fans porter
atteinte à l'honneur des Enfans d'une Mere
auffi fainte & auffi vénérable que la Religion
de la Compagnie.

Les déteftables excès que Votre Excellence
verra dans l'exacte & fidelle Relation qui fera
jointe à cette Lettre, & l'incorrigible obftination dont leurs auteurs n'ont ceffé de donner
des marques, ayant fait perdre toute efpérance
de cet amendement, l'autorité Royale & la
conftante protection que fa Majefté doit aux
Peuples que Dieu lui a confiés, l'obligent enfin à appliquer les derniers remedes à des maux
auffi défefpérés que ceux qui font conftatés par
la même Relation.

On n'y a pas fait entrer le détail de fcandales bien plus grands & bien plus horribles,
qu'on n'auroit pu rapporter fans une extrême
indécence, & fans bleffer la pudeur de ceux

qui les auroient écrits ou qui les auroient enten-
dus. On a cru devoir se restreindre dans cette
Relation aux faits les plus publics , & dont la
notoriété est telle qu'il n'y a pas moyen d'en
dérober la connoissance, ou même de les déguiser. Il n'est pas plus possible d'en nier la
certitude que celle des faits que leur évidence
met sous les yeux de tout le monde , & qui
de leur nature sont incontestables. Encore Sa
Majesté ne se voit-elle qu'à regret forcée à publier de si grands désordres & l'entiere corruption des Provinces de la Compagnie dans le Portugal & le Brésil.

Votre Excellence trouvera dans cette Relation la preuve évidente que, depuis plusieurs
années, ces Religieux ont entiérement renoncé
à l'obéissance qu'ils doivent aux Bulles & Com-
mandemens des Papes, à l'observation des Loix
les plus nécessaires pour la conservation de la
paix publique de ces Royaumes , à la fidélité
due à leurs Souverains, & à la pieuse instruction
de leurs Sujets. Ils ont sacrifié toutes ces obligations chrétiennes, religieuses, naturelles &
politiques à une ardeur aveugle, insolente &
sans bornes, de s'emparer des Gouvernemens
politiques & temporels, au desir insatiable d'acquérir & d'amasser des richesses étrangeres , &

même d'ufurper les Etats des Souverains. Rien n'a pu les détourner de ces abonimables tranfgreffions, fur-tout quand ils ont vu qu'elles pouvoient leur fervir de moyens pour parvenir à des fins fi repréhenfibles & fi contraires à leur faint Inftitut, pour lequel ces mêmes Religieux ont fait voir un mépris auffi abfolu que fcandaleux.

Enfin, l'extrême corruption de ces indignes Enfans d'une Religion fi fainte en eft venue à ce point déplorable dans le Royaume de Portugal, & plus encore dans fes Domaines d'Outre-mer, qu'il s'y eft trouvé peu de Jéfuites qui ne paruffent être plutôt des Marchands, des Soldats ou des tyrans que des Religieux.

Il n'y avoit plus moyen de diffimuler de fi grands défordres, fans courir le rifque de les rendre abfolument irrémédiables. C'eft ce qui a déterminé Sa Majefté à prendre des mefures efficaces pour prévenir la défolation entiere de fes Sujets & de fes Etats, & même la ruine totale des Provinces de cette Compagnie; ruine qui ne pouvoit manquer d'arriver, fi l'on n'y apportoit le plus prompt remede, autant qu'il dépendoit de l'autorité temporelle de Sa Majefté.

Comme les Confeffeurs de cette Cour, &

leur libre entrée dans le Palais, étoient le plus ferme appui de l'infolence & de l'audace que ces Peres ont fait éclater, tant en Europe qu'en Amérique, le Roi notre Maître a commencé par ordonner à tous les Confeffeurs Jéfuites des Princes & Princeffes du Sang Royal de fe retirer dans les Maifons de leur Ordre. A leur place, Sa Majefté a nommé pour fon Confeffeur le Pere Antoine de Sainte-Anne, Provincial actuel des Capucins de Sainte-Marie de Arrabida, en confervant pour Confeffeur de la Reine le P. Antoine de l'Incarnation, Vicaire-Général des Auguftins Déchauffés, qui depuis quelque temps occupoit cette place; & pour Confeffeur de la Princeffe Héréditaire & de Mefdames les Infantes, Sa Majefté a nommé le Pere Jofeph Pereira de Sainte-Anne, Provincial actuel des Carmes; S. A. R. l'Infant Dom Pedre a choifi pour fon Confeffeur celui du Roi; S. A. R. l'Infant Dom Antoine a pris pour le fien le P. Antoine de Sainte-Marie-des-Anges, Ex-Provincial des Francifcains de la Province de Portugal; & S. A. R. l'Infant Dom Emmanuel, le P. Valere du Saint-Sacrement, Capucin de la Province de Saint Antoine.

En même-temps, le Roi a interdit au Pere

Provincial de la Compagnie & à tous ſes Religieux, l'entrée de ſon Palais juſqu'à nouvel
ordre, & juſqu'à ce que S. M. fût aſſurée
que ces Religieux auroient conformé leur
vie & leur conduite aux obligations de leur
ſaint Inſtitut. Pour parvenir à un but ſi juſte
& ſi néceſſaire, Elle a auſſi ordonné qu'on
mît en œuvre tous les moyens qui dépendent
de ſon autorité, & du droit qu'Elle a de
faire inviolablement obſerver dans ſes Royaumes & Etats, les ſaints Canons & les Conſtitutions Apoſtoliques, leſquelles défendent aux Réguliers, & encore plus aux Religieux de la
Compagnie, & à tous les Miſſionnaires de s'im-
miſcer dans les affaires temporelles, dans la pratique du Commerce & des intérêts de la Banque;
enfin, de faire obſerver avec exactitude les Con-
cordats faits avec le Saint Siege, qui dans ce
Royaume ont force de Loi & de Coutume.

Mais comme tout ce que le Roi peut faire,
en ſa qualité de Prince temporel, ne peut s'é-
tendre que ſur des choſes de la même nature,
& ne ſuffit pas pour remédier aux maux ſpiri-
rituels, qui cependant ont beſoin d'un remede
également prompt & efficace, lequel ne peut
émaner que du Souverain Pontife & Vicaire de
Notre-Seigneur Jeſus-Chriſt ſur la terre, Sa Ma-

jefté ordonne à Votre Excellence de préfenter au Saint Pere la fidelle Relation dont j'ai parlé ci-deffus, ainfi que tout ce qui eft contenu dans cette Lettre ; & de fupplier en même-temps Sa Sainteté qu'il lui plaife demettre en ufage, dans une affaire auffi importante, les moyens les plus efficaces & les plus propres à faire ceffer entiérement les abus, les excès & les crimes qui fe commettent journellement dans les fufdites Provinces Régulieres, & d'obliger ceux qui les compofent à fe conformer à leur fainte & primitive obfervance ; afin qu'on y puiffe voir revivre les exemples dignes de louange & d'imitation, qui, depuis tant d'années fe trouvent enfévelis fous les horreurs de fcandales fi énormes, fi univerfels & fi publics.

Ceux qui ont caufé le plus de dommage aux Habitans des Etats de Sa Majefté en Amérique, auroient dû ceffer en grande partie par l'exécution de la Bulle de Sa Sainteté, du 20 Décembre 1741, inférée dans le Mandement de l'Evêque du Grand-Para, lequel eft joint à cette Lettre, fous le N°. II, comme auffi par l'exécution des deux Ordonnances de Sa Majefté, cotées N°. III & IV. Sa Majefté les avoit fait publier à cette intention dans tout le Bréfil, efpérant qu'elles feroient un moyen efficace pour mettre fin aux abus qui ont réfulté du défaut d'exécution des décifions Pontificales & des réfolutions Royales , lorfqu'elles pouvoient déplaire aux fufdits Religieux; & bien plus encore, de ce qu'il ne fe trouvoit perfonne qui ofât donner avis d'un défordre fi préjudiciable & fi indécent. Un mal auffi grand n'avoit d'autre fource que les menaces violentes de ces Religieux, dans lefquelles ils affectoient de faire fonner bien haut le grand crédit de leur Compagnie, & de ceux de leurs Peres qui fréquentoient la Cour. On en a une preuve bien convaincante dans ces derniers temps, lorfqu'on a fu combien de Gouverneurs & de Miniftres zélés pour le Service de Dieu & de Sa Majefté ces Peres ont malheureufement ruinés par leurs finiftres artifices, quoique ces Officiers n'euffent d'autre tort que d'avoir repréfenté à la Cour des vérités qui ne plaifoient pas à ces Peres, & qui paroiffoient alors incroyables , mais qui ne font devenues que trop certaines depuis la guerre du Paraguay, la révolte du Maragnon, & tant d'autres défordres manifeftes & publiquement conftatés par la fufdite Relation , fans parler d'une infinité d'autres dont le récit fuffiroit pour former de gros volumes.

Tout ceci confidéré , Sa Majefté ordonne à Votre Excellence de demander au Saint Pére une Audience particuliere & très-secrete, pour lui demander un compte exact de tout ce que je viens de dire. Sa Majesté espere en conséquence que la prudence paternelle & Apostolique de Sa Sainteté n'omettra rien de ce qu'exige une conjoncture aussi urgente, pour empêcher qu'un Ordre qui a rendu tant de services à l'Eglise, ne se perde totalement dans ce Royaume & dans ses dépendances, par la corruption des mœurs de ses Religieux, & par le scandale public & général qu'ils ont donné en s'abandonnant à des désordres & à des abus si étranges & si continuels.

Le détail qui en est fait dans la fidelle Relation que je joins à cette Lettre, ayant pour fondement & pour preuves des faits toujours subsistans, connus non-seulement des trois Armées, mais encore de toute l'Amérique Portugaise & Espagnole, & venant directement, comme d'une source pure, des lieux mêmes où ces faits sont arrivés; sans mélange d'aucun rapport suspect & incertain, ne peut pas laisser lieu au moindre doute. C'est pourquoi Sa Majesté est persuadée que Sa Sainteté n'hésitera pas un seul moment à prendre le parti convenable & nécessaire qu'exigent ces mêmes excès, pour rappeller ces Religieux aux obligations & aux exercices de leur faint Inftitut, en les forçant à ne plus s'ingérer dans des affaires politiques, & dans des intérêts temporels & de commerce; afin que, dégagés de la corruption où les a précipités leur defir effréné de gouverner les Cours, d'acquérir des richeffes & des intérêts de commerce, de pratiquer l'ufure, de tenir la banque & de s'enrichir de tous les biens de la terre, ils puiffent fervir Dieu & édifier le prochain, comme de fidels imitateurs des héroïques vertus des grands & glorieux Saint Ignace, Saint François-Xavier & Saint François de Borgia, qui reluifant comme de brillans flambeaux, non-feulement dans leur Ordre, mais encore dans toute l'Eglife Catholique, y ont laiffé les plus illuftres exemples.

Il eft fur-tout effentiel de confiderer, avec toute l'attention que la chofe mérite, ce que l'Hiftoire nous apprend de la févere punition des Templiers, dont l'Ordre fut éteint à caufe des fcandales qu'ils avoient caufés. Il eft cependant certain qu'on ne lit en aucun endroit que ces Chevaliers fe foient jamais portés à des excès auffi criminels que ceux dont les fufdits Religieux fe font rendus coupables. On ne les vit jamais réfifter ouvertement, comme ces Peres, aux Papes & aux Rois, & fe prévaloir d'un cré-

dit exceſſif pour énerver ou directement ou indi-
rectement les Bulles des premiers & les Ordonnances des seconds. Jamais on ne leur reprocha
d'avoir formé des Républiques de Sujets au-
dedans même des Etats des Princes, pour les
faire révolter contre leurs Souverains. Jamais
ils ne porterent l'audace jusqu'à réſiſter à main-
armée à tout ce qui pouvoit intéreſſer les Rois
& les Peuples de leurs Etats. Jamais enfin, on
ne les accuſa d'avoir aſpiré à l'uſurpation de
Royaumes & d'Empires entiers. Mais les Jéſuites ſont coupables de tous ces excès; tous
ces crimes entrent dans leurs projets, & ils n'auroient pas manqué de réaliſer cet odieux ſyſtême, ſi on n'avoit pas eu l'avantage de découvrir
leur plan ambitieux & clandeſtin.

C'eſt en effet ce qu'ils auroient exécuté par
le moyen de ces Colonies d'Indiens rebelles
& ſauvages qu'ils avoient établies, & dont ils
s'efforçoient tous les jours d'augmenter le nombre dans toute cette vaſte contrée qui s'étend
depuis le Maragnon juſqu'à l'Uraguay. Ils rendoient journellement plus fortes & plus peu-
plées ces nombreuſes Colonies, par le commerce très-conſidérable & très animé qu'ils pratiquoient clandeſtinement, à l'aide des Colleges,
des Maiſons Profeſſes & Réſidences qu'ils poſſé-

dent dans les Capitales des deux Royaumes de Portugal & d'Espagne, dans les divers Ports de ces Royaumes & dans les pays d'Outre-mer. Déjà par tous ces moyens, ils avoient fermé en quelque forte les deux Amériques Portugaife & Efpagnole par un cordon fi fort que, fi on les eût laiffé faire, dans dix ans il auroit été impoffible de le rompre & de les chaffer de ces contrées; n'y ayant point dans toute l'Europe de Puiffance capable de les forcer dans ces vaftes forêts défendues par des hommes dont le nombre eft prefque infini, dont les Jéfuites feuls connoiffoient la langue & les mœurs, & dont ils ne ceffent de nourrir & d'enflammer la haine implacable & irréconciliable qu'ils leur ont infpirée conrre tous les Blancs qui ne font pas de la Compagnie. Que Dieu vous ait fait en fa fainte garde.

A Bélem le 8 Octobre 1757.

Signé D. LOUIS D'ACUNHA.

A Dom François d'Almada de Mendoza.

LETTRE

INSTRUCTIVE,

A DOM FRANÇOIS D'ALMADA DE MENDOZA, Miniſtre de Sa Majeſté Très-Fidelle en Cour de Rome,

Pour l'inſtruire des nouveaux excès que les Jéſuites avoient ajoutés juſqu'à cette époque, aux crimes énormes dont ils s'étoient dèjà rendus coupables dans les Etats d'Outre-mer de cette Monarchie, lorſque Sa Majeſté s'eſt vue obligée de faire donner avis à N. S. P. le Pape Benôît XIV, des attentats de ces Religieux, par ſa premiere Lettre inſtructive du 8 Octobre 1757.

LES déſordres & les attentats que les Jéſuites ont accumulés dans le Maragnon, depuis le commencement du regne de Sa Majeſté, dans la vue de rendre impoſſible l'exécution du Traité des limites des Conquêtes, les ſoulevemens qu'ils ont excités pour cette même fin dans les Contrées du Paraguay & de l'Uraguay , & les trames qu'ils ont ourdies au-dedans même de ce Royaume & jufque dans le Palais du Roi , font les preffans motifs qui ont déterminé Sa Majefté à faire fentir à ces Religieux fon jufte pouvoir. En cela Sa Majefté ne fera que ce que tous les Souverains ont droit de faire , & dont ils ne peuvent même fe difpenfer , contre les Eccléfiaftiques coupables de féditions & de révoltes, même lorfqu'elles font moins condamnables & moins pernicieufes que celles dont les Jéfuites ont été la caufe dans le Nord & le Midi du Bréfil, & au-dedans de ce Royaume & de cette Cour. Le Roi a d'autant plus de raifon de le faire , qu'il a vu l'inutilité parfaite des premiers effets auxquels il a eu la modération de fe reftreindre, en fe contentant de renvoyer de fa Cour les Religieux de cette Compagnie qui en étoient les Confeffeurs. Sa Majefté efpéroit que cette démarche fuffiroit pour faire rentrer dans l'ordre le régime intérieur & perverti de ces Peres; qu'Elle les engageroit à mettre fin à cette fcandaleufe obftination avec laquelle ils s'oppofoient à l'exécution du Traité des limites , & qu'ils cefferoient de troubler le repos de la Cour & des Sujets de Sa Majefté. Mais cette clémence & modération de Sa Majefté a produit des effets

tout contraires à ceux qu'on avoit droit d'en attendre, ainfi que Votre Excellence va le voir.

2. Dès qu'ils ont été convaincus qu'il étoit
impoffible de faire plier l'inflexible conftance
de fa Majefté & de fes Miniftres, & de les détourner du deffein de faire exécuter le Traité,
dont ils ont bien compris que l'effet feroit de
leur faire perdre l'empire qu'ils s'étoient formé
dans le centre des Etats d'Outre-mer des deux
Monarchies; dès qu'ils ont vu paffer Gomez
Freire de Andrada à la tête d'une armée dans
la Province de la Plata, & François-Xavier
de Mendoza dans celle de Para, avec trois Ré-
gimens de nouvelle création, ces Peres ont entiérement perdu le jugement & tout fentiment
de Religion. Pour parvenir au but que fe pro-
pofoit leur méchanceté, ils fe font auffi tôt livrés
aux pratiques les plus exécrables pour calomnier
& déshonorer par des fables injurieufes le très-
heureux Gouvernement du Roi, & la fidélité de
fes Miniftres. En mettant en œuvre parmi nous
les mêmes moyens qu'ils ont tant de fois employés dans plufieurs autres Cours, ils ont commis des excès qui nous ont remplis d'horreur &
d'épouvante.

3. D'une part, ils fe font appliqués à gagner
les perfonnes qu'ils favoient être mécòntentes
du

du Gouvernement, soit parce que le Roi ne les employoit pas à son service, soit parce qu'il leur avoit refusé des places qu'elles n'avoient pas méritées. Ils ont répandu de vive voix & par écrit des impostures inouies, des mensonges, des injures atroces contre Sa Majesté. Ils ont cherché à noircir & à défigurer les effets admirables de la sagesse & de la bonté d'un Roi, Pere de ses Sujets, & qui ne cesse de faire respecter & adorer, pour ainsi dire, la justice de son incomparable & très-heureux Gouvernement.

4. D'autre part, à l'aide de ces artifices Machiavéliques, ils se sont efforcés de rompre la bonne intelligence qui régnoit entre cette Cour & les autres, & en particulier de la brouiller avec celle de l'Espagne, non-seulement en y répandant des impostures capables d'offenser personnellement les Souverains des deux Royaumes, mais encore en supposant de prétendus préjudices qui devoient résulter pour l'une & l'autre Cour de l'exécution du Traité. Dans ce dessein, ils insinuoient à Lisbonne que le Portugal étoit extrêmement lésé dans ce Traité; & à Madrid, que c'étoit la Cour d'Espagne qui avoit été trompée par celle de Portugal.

5. En même-temps, lorsqu'ils apprirent l'établissement de la Compagnie du Para, comprenant

qu'elle alloit ruiner fans reffource le gros commerce qu'ils faifoient dans ces contrées, ils pouf-
ferent leur audace exceffive jufqu'à tenter d'exciter contre cette Compagnie un foulevement
général au-dedans de la Cour de Sa Majefté : ce
qui n'auroit pas manqué d'arriver, fi le Roi ne
l'avoit fur le champ prévenu par l'exil du P.
Balleſter, qui avoit eu la témérité de faire tout
exprès un fermon d'une infolence extrême pour
ameuter le Peuple contre cet établiffement. Ce
Pere crioit comme un furieux dans fa Chaire,
que *quiconque entreroit dans cette Compagnie, n'auroit aucune part à celle de Notre-Seigneur Jefus-Chrift.*
Le Roi fut encore obligé d'exiler le P. Fonfaca,
qui, en perfonne & par d'autres émiffaires de la
Société, alloit faire de femblables déclamations
dans les maifons des Miniftres & des Particuliers, lorfqu'il fe flattoit d'y trouver de mauvaifes intentions, ou une ignorance dont il pouvoit abufer. A la même époque, Sa Majefté
exila ou fit arrêter les Négocians de la Compagnie dite *du Bien Commun.* Par cette démarche &
d'autres également dignes de la fageffe de Sa
Majefté, Elle confondit & rendit inutiles toutes
ces intrigues & plufieurs autres encore plus exécrables, pour lefquelles on etoit allé jufqu'à fe
fervir d'étrangers qui fe trouvoient alors dans

Cette Capitale, & qui furent affez imprudens pour fe prêter à de femblables pratiques.

6. Sur ces entrefaites, arriva le tremblement de terre. Cette terrible calamité fournit aux Jéfuites un nouveau théâtre pour jouer dans une conjonĉlure fi trifle & fi affligeante, les rôles les plus propres à les faire parvenir à leurs fins déteftables. Jamais la méchanceté fi fertile de Nicolas Machiavel, n'inventa rien que la diabolique politique de ces Religieux ne mît alors en ufage. Ils fabriquerent des Prophéties pleines de menaces de nouveaux défaftres qui devoient être caufés par des éruptions & des déluges de feux fouterreins & des eaux de la mer. En mêmetemps, ils faifoient inférer, tant par eux que par leurs Emiffaires, dans les papiers publics qui ont cours en Europe, des Relations de nouveaux malheurs, de miferes extrêmes, d'horreurs épouvantables qu'ils difoient nous être arrivés, quoique rien de tout cela n'eût eu la moindre ombre de réalité. Ils annonçoient ces maux imaginaires comme des punitions de péchés publics & fcandaleux qui n'étoient que des fuppofitions & desi mpoftures d'autant plus criminelles, qu'ils les plaçoient dans le temps de la réforme la plus réguliere & la plus exemplaire que la Cour & le Royaume de Portugal aient

vue depuis l'époque de la fondation de cette
Monarchie. Ce n'eſt pas tout encore. Ils en vinrent juſqu'à cette incroyable audace qui n'avoit
point encore eu d'exemple, d'oſer mettre ſous
les yeux de Sa Majeſté ces écrits ſéditieux &
remplis de toutes ces impoſtures. Ils eſpéroient
par-là de jeter dans l'abattement & la conſter-
nation cette grande ame à laquelle Dieu a accordé pour notre bonheur, une ſérénité à
toute épreuve, & ſupérieure à toutes ces malignes impreſſions. A cette énorme témérité
ils ont encore ajouté celle d'abuſer de la pieuſe
affection que le Roi a toujours eue pour les
perſonnes qui portent l'habit de Capucin; &
par ce moyen, ils ont introduit à la Cour deux
Peres Récollets que, pendant quelques années,
ils avoient logés avec eux dans leur Maiſon de
Saint-Roch, & que depuis, pour ſe les attacher
davantage, ils avoient établis dans l'Hoſpice de
Sainte-Apollonie, lorſqu'ils en chaſſerent les
Génois. Ils ſe ſont ſervis de ces Récollets comme
de leurs inſtrumens, non-ſeulement pour inſpi-
rer les frayeurs dont j'ai parlé, mais encore pour
inſinuer d'autres ſuggeſtions très-pernicieuſes,
dont la profonde ſageſſe & la pénétration de Sa
Majeſté ont heureuſement triomphé. Pour eux
(de concert avec ces Peres Récollets) ils s'é-

toient réfervé le rôle d'appuyer & de confirmer toutes les impoftures qu'ils leur avoient fait avancer, non-feulement dans l'intérieur du Palais, mais encore dans fes fanctuaires les plus impénétrables & les plus facrés. Par ces moyens, s'ils avoient pu venir à bout de vaincre la fageffe & la conftance de Sa Majefté, le Royaume auroit été expofé aux plus grands défordres; l'autorité Royale auroit été entiérement renverfée; & du fein d'une horrible confufion, on auroit vu s'élever l'Empire Jéfuitique felon toute l'étendue de leurs projets.

7. La découverte de ces intrigues, & la punition de ceux qui y avoient fervi d'inftrumens, ne fuffirent pas pour les arrêter. Le Roi ayant fait publier l'établiffement de la Compagnie chargée de la culture des vignes du Haut-Douro, la cabale dont la prudence de Sa Majefté avoit déjà déconcerté & fait avorter les deffeins dans fa Capitale, fe mit à ourdir de nouvelles trames dans la Ville de Porto, feconde Ville du Royaume. Les Jéfuites, à la tête de cette Cabale, y travaillerent avec ardeur à rendre odieux aux Sujets de Sa Majefté, la Perfonne du Roi, fon Gouvernement & fon fidele Miniftre, en ne ceffant de répéter les imputations & les impoftures qu'ils avoient répandues dans le Royaume

& dans les Pays Etrangers. Ils abuserent même
de la simplicité du Peuple jusqu'à lui faire croire
cette insigne fausseté, que *les vins qui seroient ven-*
dus par la Compagnie qui venoit d'être etablie, ne
vaudroient rien pour la célébration du Saint Sacrifice
de la Messe. Ils firent en même-temps extraire des
Archives de la Ville la Relation du soulévement
arrivé à Porto en l'année 1661, & en la mettant entre les mains de gens mal-intentionnés
& encore plus mal-instruits, ils leur disoient &
répandoient par toute la Ville, que si le soulévement commençoit, comme en 1661, par
des femmes & des enfans, il demeureroit, comme
alors, sans punition. Ils se servirent des mêmes
suggestions pour animer quelques Ecclésiastiques
que leur légéreté naturelle rendoit plus capables de se livrer à leurs insinuations. Par ces
moyens, ils vinrent à bout d'exciter l'horrible
émotion du 23 Février de l'année derniere, qui
fut une fidele copie de celle de 1661, sans la
moindre différence; ce qui força enfin le Roi à
faire violence à sa bonté, & lui causa l'extrême
déplaisir de punir les Habitans de cette Ville;
mais avec toute la modération que pouvoit lui
permettre l'indispensable nécessité de ne pas laisser sans châtiment un exemple aussi pernicieux,
& de donner à ses fideles Sujets la satisfaction

qu'exigeoit naturellement un ſcandale & un attentat ſi extraordinaire dans le Royaume.

8. Rien au monde ne paroiſſoit plus propre
à abattre & à réprimer le téméraire orgueil de
ces Peres. Ils devoient naturellement s'affliger,
être remplis de confuſion & pénétrés de regrets,
en voyant cette Ville infortunée livrée à la diſ-
crétion des gens de guerre, & ſes Habitans gé-
miſſant dans les fers, dont ils étoient redevables
à la méchanceté de ces Religieux qui les avoient
précipités dans cette calamité. Mais il arriva tout
le contraire, comme on a été obligé d'en être
convaincu par des faits qu'il eſt impoſſible de nier.

9. De tels événemens, des conjonctures ſi pé-
rilleuſes & ſi délicates font voir d'une maniere
bien évidente la ſageſſe de la réſolution ſi néceſſaire que le Roi a priſe de chaſſer les Confeſſeurs de ſa Cour. C'étoit-là le moyen qui ſem-
bloit le plus propre à déſarmer ces Religieux, &
à leur ôter le crédit que leur donnoient les places de Confeſſeurs de leurs Majeſtés & de la Famille Royale. Ils abuſoient de ce crédit juſqu'à
écraſer & fouler aux pieds les Miniſtres & tous
les Citoyens, en ne ceſſant de les intimider par
leur pouvoir exceſſif, & l'appareil formidable
qu'ils étaloient aux yeux de tout le monde. D'où
il eſt arrivé, entr'autres effets pernicieux, que

pendant plusieurs années, on n'a osé exécuter aucun ordre du Roi qui fût capable de causer le moindre déplaisir à ces Peres.

10. Mais tout l'effet qu'a produit une démarche si modérée, eu égard aux motifs qui l'ont rendue si nécessaire, a été de porter ces Peres à forger de nouvelles impostures, & à répandre les bruits les plus injurieux & les plus faux. Entr'autres calomnies, ils ont publié que *leur conduite dans le Maragnon & dans l'Uraguay a été aussi juste que réguliere; qu'ils n'étoient persécutés que parce qu'ils travailloient de toutes leurs forces à conserver la Foi dans ce Royaume, où, disoient-ils, on avoit dessein d'abolir le Tribunal du Saint-Office;* Tribunal dont tout le monde sait que ces Peres sont les plus grands ennemis, parce qu'ils n'ont pas pu s'en rendre les maîtres. Ils ajoutoient que *le Roi vouloit établir en Portugal la liberté de conscience; qu'il pensoit à marier la Princesse Héréditaire avec un Prince d'une autre Religion; que le soulévement de Porto avoit été juste, & d'ailleurs de peu de conséquence, puisqu'il n'y avoit eu que des femmes & des enfans qui y eussent pris part; que le châtiment terrible qui l'avoit suivi étoit d'une injustice criante,* &c.

11. Le Roi étant donc convaincu par ces nouveaux motifs, de l'indispensable nécessité de

défabufer ceux de fes Sujets que l'on a imbus de calomnies fi pernicieufes & fi facrileges, & de démafquer enfin ces Religieux en faifant connoître une partie des juftes raifons que *la décence peut permettre d'expofer aux yeux du Public*, & qui ont obligé Sa Majefté d'agir comme Elle a fait; Elle a ordonné l'impreffion des deux Ecrits dont Votre Excellence recevra quelques copies pour fon entiere inftruction.

12. L'un de ces Ecrits [1] contient de fimples Extraits des Lettres de Gomez Freire d'Andrada, de François-Xavier de Mendoza, & de l'Evêque de Para. Ces Extraits ont été tirés avec la plus fcrupuleufe exactitude, &, *autant que la pudeur a pu le permettre*, des Originaux authentiques qui font confignés dans la Secrétairerie d'Etat. Ils ne contiennent que des faits publics & notoires qui ont été & qui font encore de la connoiffance de tous les Habitans du Bréfil, & de tous les Portugais qui ont des correfpondances dans cette Contrée.

13. Le fecond Ecrit contient une copie de l'Original de la Sentence rendue par le Parlement de Porto, fur des procédures de 4000 rô-

---

(1) C'eft ce même Mémoire que Sa Majefté a fait préfenter au Pape pour demander la réforme de ces Religieux.

les. Le régime des Jésuites y feroit une grande
& énorme figure, si Sa Majesté n'avoit cru dès
le commencement que sa piété l'obligeoit de
supprimer, dans l'Extrait qu'Elle en a fait faire,
tout ce qui regardoit les Ecclésiastiques.

14. Il est certain que ces deux Ecrits & les
faits incontestables qui y sont contenus, ache-
veront de faire connoître les cabales & les méchancetés que ces Religieux ont pratiquées dans
ce Royaume. On y trouvera la preuve complette de toutes les impostures que ces Peres
ont publiées. Il est également certain qu'après
qu'ils ont vu qu'il ne leur étoit pas possible de
tromper le Portugal, ils ont redoublé d'efforts &
de soins pour répandre & accréditer dans les
Pays étrangers ces dangereuses calomnies, qu'ils
n'ont inventées que pour faire disparoître & nier
avec une incroyable témérité les révoltes & les
attentats dont ils ont été les auteurs dans le Paraguay & le Maragnon. Ils ont eu l'audace de
nier ce qui est de notoriété publique, ce qui s'est
passé & se passe encore sous les yeux de trois
Armées & de tout le Brésil : témérité non-moins
grande que si on nioit qu'il y eût en Europe les
Villes de Lisbonne, de Londres & de Madrid,
en présence des personnes qui n'y ont point encore été. C'est par des artifices & des menson-

ges de la même nature, qu'ils font autrefois parvenus à rendre incroyables à la Cour de Madrid,
les attentats par lefquels ils ont opprimé en Afie
Dom Philippe Pardo, Archevêque de Manilles
en Amérique, Dom Bernardin de Cardenas,
Evêque du Paraguay, & Dom Jean de Palafox
de Mendoza, Evêque de la Puebla de Los-An-
geles. Ils fe font encore fervis des mêmes moyens
pour rendre pendant fi long-temps incroyables
à la Cour de Lisbonne les plaintes multipliées
des Peuples & des Prélats du Bréfil; de maniere
que les unes n'ont jamais pu parvenir à la connoiffance du Roi Jean V, & que les autres,
qu'ils n'ont pu lui dérober, font demeurées
pendant vingt - cinq ans fans effet, ainfi que
les Décrets deftinés à y mettre ordre; & qu'enfin,
à la mort de ce Prince, les chofes fe font trouvées au même point qu'au premier jour, fans
que les ordres du Roi aient eu la moindre exécution.

15. Tel étoit le pouvoir de ces Peres dans
cette Cour; tel étoit leur crédit exceffif dans les
affaires, qu'il alloit jufqu'à l'emporter fur le refpect dû à un fi grand Roi : tel enfin a été le préjudice que ce pouvoir & ce crédit ont caufé aux
deux Monarchies, en empêchant d'ajouter foi
aux répréfentations des Prélats les plus refpec-

tables, & aux plaintes des Peuples opprimés, quand il étoit temps de les entendre & d'y mettre ordre, avant que ces Religieux se fussent procur en Asie & en Amérique les forces qui animent aujourd'hui si excessivement leur témérité.

16. Sa Majesté ordonne de donner à votre Excellence connoissance de toutes ces choses, pour en faire l'usage convenable en temps & lieux opportuns, & désabuser par ce moyen les personnes à qui ces Religieux ont fait illusion par leurs artifices. Que Dieu vous ait en sa sainte garde.

A Salvaterra de Magos le 10 Février 1758.

Signé, D. LOUIS D'ACUNHA.

A Dom François d'Almada de Mendoza.

TROISIEME
LETTRE

EN FORME DE BREF,

DE N. S. P. LE PAPE BENOIT XIV.

Par lesquelles, de son propre mouvement, il établit & constitue l'Eminentissime & Révérendissime François de Saldanha, Cardinal Diacre de la sainte Eglise Romaine, Visiteur & Réformateur des Clercs Réguliers de la Compagnie de Jésus, dans le Royaume de Portugal & des Algarves, & dans tous les pays des Indes Orientales & Occidentales, soumis à la domination du Roi Très-Fidelle.

BENOIT XIV. PAPE.

NOTRE très-cher Fils : SALUT ET BÉNÉDICTION APOSTOLIQUE.

Placés par la Providence Divine au faîte de la suprême Dignité, malgré notre insuffisance, au milieu des affaires innombrables dont nous

fommes accablés dans un âge fort avancé & avec
une fanté très-foible ; le devoir de la charge
paftorale qui nous a été confiée, exige que nous
nous occupious auffi des moyens propres à maintenir perpétuellement, avec le fecours de Dieu,
les Maifons Religieufes & les perfonnes qui s'y
font confacrées au Service du Seigneur, dans la
paix & la tranquillité, dans l'obfervance de la vie
réguliere & de la difcipline Eccléfiaftique, en
réformant par notre vigilance & notre autorité
Apoftolique tout ce que nous reconnoîtrons y
mettre quelque obftacle, de la maniere qui nous
paroîtra la plus convenable felon Dieu, eù égard
à la qualité des lieux, des chofes & des perfonnes.

C'eft pourquoi Notre Très-Cher Fils en Jefus-
Chrift, Jofeph, Roi de Portugal & des Algarves,
nous ayant fait expofer qu'il s'étoit introduit des
défordres & des abus très-confidérables dans les
Provinces des Clercs Réguliers de la Compagnie
de Jefus, établies dans le Portugal & dans les
parties des Indes Orientales & Occidentales
foumifes à fa domination ; que la connoiffance
de ces abus s'étoit répandue dans prefque toutes
les Nations & toutes les contrées de l'Univers,
par un petit Volume imprimé qui nous a même
été préfenté, ainfi qu'à nos Vénérables Freres

les Cardinaux de la Sainte Eglife Romaine ;
qu'il defire ardemment que par un effet de notre
bonté & de notre fageffe, Apoftolique, nous
voulions bien prévenir inceffamment les fcandales qui dans la fuite pourroient naître de ces
abus : pénétrés d'ailleurs d'une affection vrai-
ment paternelle pour cette Compagnie, nous ne
voyons rien de mieux à faire dans ces circonftances, que de nommer & députer, conformément
à l'inftitution & à l'ufage des Souverains Pontifes
nos prédéceffeurs, un des Cardinaux de la Sainte
Eglife Romaine, pour s'inftruire d'abord lui-
même à fond de toutes & chacune de ces affaires, & nous en rendre enfuite un compte
exact; afin qu'après un mûr examen, nous puiffions
ftatuer ce que nous jugerons être le plus convenable & le plus efficace pour remédier à ces
maux.

A CES CAUSES, de notre propre mouvement &
fcience certaine, après une mûre délibération, de
la plénitude de notre puiffance Apoftolique, ayant
dans le Seigneur une pleine confiance en votre
difcrete perfonne, dont la fidélité, la prudence,
l'intégrité, l'habileté, la vigilance & le zele pour
la Religion nous font connus, Nous vous éta-
bliffons par ces préfentes, & vous conftituons
Vifiteur Apoftolique & Réformateur des Clercs

Réguliers de la Compagnie de Jesus, dans les
Royaumes, Etats & Provinces, mémé des Indes,
qui font fous la domination du Roi Très-Fidelle:
Vous donnons commiffion de faire une fois la
vifite des Provinces defdits Clercs Réguliers
fituées dans les Royaumes & Domaines dudit
Roi Jofeph, étant affifté d'une ou de plufieurs
perfonnes d'une probité reconnue, verfées dans
la connoiffance des regles & ufages des Religieux, que vous prendrez à votre choix ou
parmi les Prêtres Séculiers, pourvu qu'ils foient
revêtus de quelque dignité Eccléfiaftique, ou
dans quelque Ordre ou Inftitut approuvé par le
Saint Siege: Vous autorifons à réformer tout ce
qui vous paroîtra en avoir befoin dans leurs
Maifons Profeffes, Noviciats, Eglifes, Colléges, Hofpices & Miffions, & dans tous autres
lieux, de quelque nom qu'ils puiffent être appel-
lés, dépendans de ladite Société & lui appar-
tenans, nonobftant toute exemption, tout privi-
lege & indult, & à étendre cette réforme fur
les perfonnes mêmes, tant fur le Chef que fur
les Membres, c'eft à-dire, fur leurs Supérieurs,
Recteurs, Adminiftrateurs, fur les Clercs Réguliers, & tous autres de quelque dignité, fupério-
rité, état, grade & condition qu'ils foient: Voulons que vous faffiez les informations les plus

exactes

exactes sur ce qui les regarde tous en général
& chacun d'eux en particulier, sur leur état,
mœurs, usages, discipline & sur toute leur
suite ; que vous rameniez tout à la Doc-
Evangélique & Apostolique, aux saints
ns & aux Décrets des Conciles généraux,
Tradition des Saints Peres, à l'Institut de
Société, aux Constitutions Apostoliques,
amment au Bref *Ex debito Pastoralis officii*
in VIII notre prédécesseur, en date du
vrier 1633, & aux Lettres en forme de
données par Nous le 20 Décembre 1741,
commencent par ces mots : *Immensa Pasto-*
rum Principis ; que, selon l'esprit de sagesse que
vous avez reçu du Seigneur, vous corrigiez,
réformiez, renouvelliez, révoquiez tout ce que,
selon les conjonctures, la qualité des choses &
la nécessité actuelle, vous connoîtrez demander
quelque changement, correction, réforme, renou-
vellement ou révocation ; que vous fassiez même,
s'il en est besoin, de nouveaux Réglemens, &
confirmiez ceux que vous trouverez établis,
qui ne seront pas contraires aux saints Canons
& aux Décrets du Concile de Trente ; que vous
supprimiez tous abus ; que vous rétablissiez &
remettiez en vigueur par les moyens convenables & conformément à l'Institut de ladite So-

ciété, les Regles & Réglemens, la difcipline
Eccléfiaftique & Réguliere, & fur-tout le culte
Divin, l'obéiffance due à notre Saint-Siege, &
l'exécution des fufdites Conftitutions Apoftoliques, s'il paroiffoit qu'on s'en fût écarté : Vous
donnons tout pouvoir de punir & châtier les
délinquans, fi vous en trouvez, felon les Loix
Canoniques ; de ramener les perfonnes, même
foi-difant exemptes, à une forme de vie telle
que l'exigent le devoir & la bienféance, & à
un état conforme à ce que prefcrivent les faints
Canons & le Concile de Trente ; de faire ob-
ferver ponctuellement & fans délai tout ce que
vous aurez ftatué & ordonné, fans qu'aucun
appel puiffe en fufpendre l'exécution ; de dépo-
fer les Recteurs & autres Supérieurs des Colléges & des autres Maifons, que votre prudence
& le bien de la chofe vous feront juger devoir
étre déplacés, & de les envoyer, ainfi que tous
autres Clercs Réguliers de la même Société,
d'une Maifon ou d'un College dans un autre ;
enfin, de contraindre & réduire les défobéiffans
& les rebelles, par Sentences, cenfures & peines Eccléfiaftiques, fufpenfe *à Divinis*, &
toutes autres voies convenables de droit & de
fait. Car en vertu de notredite Autorité Apoftolique, Nous vous accordons & donnons plein

pouvoir, libre & ample faculté de faire & d'exécuter tous les actes ci-dessus exprimés & tous
autres qui vous paroîtront nécessaires ou convenables pour réuffir dans la visite & réforme
dont il s'agit. Et s'il arrivoit que par quelque
cause légitime vous fuffiez empêché de faire par
vous-même ladite visite hors de la ville de Lisbonne, Nous vous permettons de commettre
toutes personnes Ecclesiastiques qu'il vous plaira,
pour faire à votre place ladite visite & réforme, même dans les Provinces des Indes, avec
un pouvoir égal au vôtre ou par vous limité.

Que si dans cette visite vous trouvez des
affaires trop graves & trop importantes, vous
aurez soin de nous en référer & de nous envoyer
au plutôt dans un paquet scellé de votre sceau
toutes les pieces nécessaires pour nous en instruire
à fond. De notre côté nous les examinerons suivant la nature des choses & les circonstances des
temps; Nous présenterons au Tout-puissant nos
larmes, nos cris & nos prieres, afin d'obtenir
que nous jugions avec maturité de ce qu'il
faudra statuer.

Nous ordonnons en conséquence à tous &
chacun des Supérieurs, Officiers, Clercs Réguliers & autres personnes des Provinces, Maisons, Colleges & autres lieux de ladite So-

ciété, fitués dans les Royaumes, Terres & Provinces, même des Indes, de la domination du Roi Très-Fidele; & ce fous peine d'excommunication *latæ fententiæ*, réfervée à Nous & aux Souverains Pontifes nos fucceffeurs, excepté l'article de la mort, fous peine de fufpenfe *à Divinis*, de privation de tous offices & autres peines à notre choix qui feront encourues par le feul fait, de rendre prompte obéiffance & foumiffion à Vous, & aux perfonnes qui auront été par vous députées pour toutes les chofes ci-deffus exprimées; de recevoir humblement les avertiffemens & les ordonnances falutaires qui émaneront de Vous ou de vos Députés, & de prendre des moyens efficaces pour les faire exécuter; à défaut de quoi nous ratifierons la fentence ou la peine que vous aurez juridiquement portée ou prononcée contre les réfractaires, & avec l'aide du Seigneur nous la ferons exécuter inviolablement jufqu'à pleine & entière fatisfaction.

Nous voulons que ces préfentes Lettres foient & demeurent fermes, valides & efficaces, qu'elles fortiffent tout leur effet, qu'elles vous autorifent pleinement pour cela, ainfi que les perfonnes que vous commettrez, & qu'elles foient inviolablement obfervées par ceux qu'il appar-

tient & qu'il appartiendra dans la suite. Enjoignons à tous Juges ordinaires & délégués, même
aux Auditeurs du Palais Apoftolique & aux
Nonces du Saint Siege, de juger & définir conformément à la teneur de ces Lettres; leur ôtant
toute faculté & autorité de juger & intérpréter
autrement; déclarant nul & de nul effet tout ce
qu'ils entreprendroient de faire à ce contraire,
avec connoiffance de caufe ou par ignorance:
Défendons d'avoir égard à toutes difpofitions
générales ou particulieres qui paroîtront s'oppofer aux préfentes, foit des Conftitutions Apoftoliques, foit des Ordonnances des Conciles généraux, provinciaux & fynodaux, foit des Sta-
tuts de ladite Société, de fes Maifons, Colléges
& autres lieux Réguliers, de ceux même qui
feroient munis de la religion du ferment, confirmés par l'Autorité Apoftolique, ou de toute
autre maniere; foit des ufages, Privileges, In-
dults, Lettres Apoftoliques, ci-devant accordés,
confirmés & renouvellés en faveur des Supérieurs ou des autres perfonnes de ladite Société,
en quelque teneur & forme que ce puiffe être,
y eût-il des claufes dérogatoires des dérogatoires,
plus efficaces que les très efficaces, infolites &
irritantes; foit enfin de tous autres Décrets généraux & particuliers, de ceux même qui fe-

roient donnés *motu proprio* ou émanés du Confiſtoire ; & quand ces actes feroient tels que pour y déroger il feroit néceſſaire de faire d'eux & de toute leur teneur une mention ſpeciale, ſpécifique ; expreſſe, individuelle & de mot à mot, & non pas ſimplement par des clauſes générales qui l'annonceroient, ou bien qu'il feroit beſoin de quelque autre maniere de s'exprimer, ou de quelque formalité ſinguliere : Nous regardons la teneur deſdits Actes comme auſſi ſuffiſamment exprimée par ces Préſentes, que ſi elle y étoit inſérée de mot à mot, & que la formalité qui y eſt preſcrite fût exactement obſervée ; & nous dérogeons ſpécialement & expreſſément auxdits Actes & à tous autres contraires aux Préſentes, pour cette fois ſeulement, & en ce qui pourroit empêcher l'exécution de ce que nous venons d'ordonner, les laiſſant d'ailleurs dans leur force & vigueur.

DONNÉ à Rome, à Sainte-Marie-Majeure, ſous l'anneau du Pêcheur, le premier Avril de l'année 1758, la dix-huitieme de notre Pontificat.

Pour M. le Cardinal PASSIONEI.

JEAN FLORIUS, Subſtitut.

DÉCRET

DE SON ÉMINENCE LE CARDINAL DE SALDANHA.

Qui déclare les Jésuites de Portugal coupables d'un commerce illicite, & leur défend de le continuer.

NOUS DOM FRANÇOIS, Cardinal DE SALDANHA, Visiteur & Réformateur Général Apostolique de l'Ordre de la Compagnie de Jesus, dans les Royaumes de Portugal & des Algarves, & Pays qui en dépendent, &c. &c. &c.

A tous ceux qui ces Présentes verront, ou qui en auront connoissance : SALUT ET PAIX en Notre-Seigneur JESUS-CHRIST.

Depuis la fondation de l'Eglise, il a toujours été défendu à toutes les personnes consacrées par le Sacerdoce, de souiller la sainteté de leur Ministere en s'ingérant dans les affaires séculieres. Le Rédempteur des hommes a lui même établi cette vérité dans son Evangile (1). Il l'a annoncée aux Ecclésiastiques par la bouche de l'Apôtre des Gentils (2). Il l'a fait publier dans le premier Concile de l'Eglise, qui a ordonné que les Evêques, Prêtres & Diacres qui se seroient mêlés d'affaires profanes seroient privés de leur dignité & de l'exercice de leur ministere (3). C'est sur toutes ces dispositions de droit divin que sont fondées les défenses positives du Droit Canonique, & toutes les peines qu'il fulmine contre les violateurs de ces saintes Loix (4).

La rigueur de ces Loix à l'égard des Ecclésiastiques va jusqu'à leur ordonner expressément de s'abstenir de tous ministeres séculiers, même honnêtes, tels que sont les fonctions de Procureur dans les Villes & les Bourgs (5). Mais elles

---

(1) Non potestis Deo servire & mammonæ. *Matth. 6.* ℣. 24.

(2) Nemo militans Deo, implicat se negotiis sæcularibus. *II. ad Timoth. cap.* 2. ℣. 4.

(3) Episcopus aut Presbyter, aut Diaconus nequaquàm sæculares curas assumat: sin aliter, ejiciatur. *In Concil. Apostol. Can.* 7.

(4) Per totum titul. Ne Clerici vel Monachi sæcularibus negotiis se immisceant.

(5) Text. in cap. Sed nec Procurationes Villarum, 4. *eodem. tit.*

font encore plus formelles & plus rigoureuſes
pour défendre à tous ceux qui ſont conſacrés au
ſervice de Dieu, de ſe laiſſer jamais aller à une
avarice ſordide, en ſe mêlant de commerce &
de marchandiſes. Notre Divin Rédempteur nous
a fait comprendre combien ce commerce eſt
oppoſé à l'eſprit de ſon Egliſe, & à la ſainteté
de ſon Miniſtere, lorſqu'il chaſſa du Temple les
Changeurs & les Marchands qu'il y trouva occupés à vendre & à acheter : il renverſa leurs tables, leurs comptoirs & l'argent qui ſervoit à leur
négoce, & alla juſqu'à les frapper à coups de
fouet, leur faiſant les reproches les plus ſéveres
de ce qu'ils faiſoient de la Maiſon de ſon Pere
une Maiſon de trafic, & une caverne de voleurs de la Maiſon de Dieu, deſtinée à la
Priere [1].

---

[1] Aſcendit Jeſus Jeroſolymam, & invenit in templo
vendentes boves, & oves, & columbas, & nummularios ſe-
dentes. Et cùm feciſſet quaſi flagellum de funiculis, omnes
ejecit de templo; & nummulariorum effudit æs, & menſas
ſubvertit. Et his, qui columbas vendebant, dixit : Auferte iſta
hinc, & nolite facere domum Patris mei domum negotiatio-
nis. *Joan. c. 2. y. 14. 15. & 16.*

Et intravit Jeſus in templum, & ejiciebat omnes vendentes
& ementes in templo : & menſas nummulariorum, & cathe-
dras vendentium columbas evertit ; & dicit eis : Scriptum eſt :

C'est dans cet esprit que depuis le commencement de l'Eglise les saints Canons se font toujours élevés avec force contre les Ecclésiastiques, qui, sans crainte de Dieu & sans respect
pour la Loi évangélique, couroient après ces
vils intérêts, provenant d'un commerce réprouvé
par les Loix sacrées [1], & qui consiste à vendre
plus cher dans un temps ce qu'on a acheté

Domus mea domus orationis vocabitur : vos autem fecistis il-
lam speluncam latronum. *Matth. cap.* 21. ℣. 11. 12. 13.

[1] Si quis inventus fuerit post hanc definitionem usuras
accipere, vel ex quolibet tali negotio turpia lucra sectari, vel
etiam species frumentorum ad sextuplum dare; omnis, qui
tale aliquid conatus fuerit ad quæstum, rejiciatur à Clero,
& alienos ab Ecclesiastico habeat gradus. *Ex Concil. Nicen.
in Can. Quoniam caus.* 14. *quæst.* 4. *cap.* 8.

Consequens est, ut illa quoque de Piceni partibus nuper
ad nos missa relatio nuntiavit, non prætermittenda putaremus:
id est, plurimos Clericorum negotiationibus inhonestis & lu-
cris turpibus immisceri, nullo pudore cernentes Evangelicam
lectionem.... Proinde hujusmodi aut ab indignis posthac
quæstibus noverint abstinendum, & ab omni cujuslibet nego-
tiationis ingenio, vel cupiditate cessandum; aut in quo-
cumque gradu sint positi, mox à Clericalibus officiis abstinere
cogantur. *Ex. Pap. Gelasio in Distinct.* 88. *cap.* 2.

Canonum statutis firmatum est, ut quicumque in Clero
esse voluerit, emendi vilius, vel vendendi carius studio non
utatur. Quod certè si voluerit exercere, cohibeatur à Clero.
Ex Concil. Tarraconensi in Canon. 14. *quæst.* 4.

moins dans un autre [1]. Les mêmes Canons
ordonnent de fuir comme la peste un Ecclé-
siastique Négociant, qui, par ce moyen illicite,
de pauvre est devenu riche, & arrogant d'hum-
ble qu'il étoit [2]. Enfin, ils prononcent les plus
rigoureuses peines & fulminent toutes les cen-
sures Ecclésiastiques, contre tout Clerc & Religieux qui fait commerce par lui-même, ou s'intéresse seulement dans celui d'un tiers [3].

   Cette défense commune à tous les Ecclésiastiques, oblige bien plus étroitement les Religieux Missionnaires, qui, comme tels, doivent avoir pour patrimoine la pauvreté Apostolique, & pour unique objet un zele ardent d'é-

---

[1] Quicumque tempore messis vel vindemiæ, non necessi-
tate, sed propter cupiditatem, comparat annonam, vel vi-
num, v. g. de duobus denariis quatuor, aut sex, aut amplius,
hoc turpe lucrum dicimus. *Ex Jul. Pap. in cauf.* 14. *quæst*
4. *cap.* 9.

[2] Negotiationem Clericum, aut ex inope divitem, ex ig-
nobili gloriosum quasi quamdam pestem fuge. *Ex D. Hie-
ronymo in distinction.* 88. *cap.* 9.

[3] Secundùm Instituta Prædecessorum nostrorum sub in-
terminatione anathematis prohibemus, ne Monachi vel Clerici, causâ lucri, negotientur; & ne Monachi à Clericis, vel
Laicis suo nomine firmas habeant. *In cap.* 6. *Ne Clerici vel
Monachi.*

c'airer de la lumiere de l'Evangile ceux qui font affis dans l'ombre de la mort, & habitent au milieu des ténebres de l'ignorance du vrai Dieu. D'ailleurs ils doivent fe repofer fur l'infinie Providence, & efpérer qu'au moyen de la charité des Fidelles, ils ne manqueront point du nécef-faire pour leur nourriture & leurs vêtemens.

Des motifs fi juftes & fi preffans exciterent le zele Apoftolique du Pape Urbain VIII, & il ne put fe difpenfer de réprimer les Religieux des Miffions d'au-delà de la Mer, qui, dès le temps de fon Pontificat, avoient déjà caufé du fcandale fur cette matiere fi délicate. Ce Pape s'efforça de l'étouffer par fa Bulle, en date du 22 Février 1633, *Ex debito Paftoralis officii*, dans laquelle, après avoir repréfenté tout commerce & trafic temporel comme indigne de la fainteté du Miniftere facerdotal & contraire à toutes les Loix de l'Eglife, il défend à tous Religieux Mendians & non-Mendians, & notamment à ceux de la Compagnie de Jefus, de s'y immif-cer & d'y prendre part directement ou indirec-tement, foit par eux & en leur nom propre, foit par l'entremife d'un tiers, ou au nom de leur Communauté, fous peine d'excommunica-tion *latæ fententiæ*, de privation de voix active & paffive & de tous offices, emplois & dignités dont ils feroient revêtus, les déclarant même inhabiles à en posséder jamais aucun, & confisquant au profit des Missions toutes les marchandifes objet de ce commerce, ainfi que l'argent qui en feroit le produit.

Mais comme plufieurs des Religieux fufdits & d'autres perfonnes Eccléfiaftiques, oubliant leurs obligations & l'obéiffance qu'ils devoient aux Conftitutions Apoftoliques, continuerent encore depuis ce trafic illicite & indécent, fous différens prétextes & fubterfuges, au détriment de leur ame, & au grand fcandale des Fidelles, le Pape Clément IX s'oppofa à ces déplorables tranfgreffions, par une autre Bulle du 17 Juin 1669, qui commence par ces mots: *Sollicitudo Paftoralis officii*, où il cite, confirme & étend la précédente Bulle, en rappelle toutes les difpofitions, & prononce les mêmes peines contre les Religieux Commerçans.

Ces défenfes, quoique fi preffantes & fi générales, ne purent empécher qu'il ne fût encore porté des plaintes éclatantes aux pieds de N. S. P. le Pape Benoît XIV, aujourd'hui Chef de l'Eglife Univerfelle. Elles donnerent lieu à une Bulle du Saint Pere, en date du 25 Février 1741, confirmative des deux précédentes, & qui en prefcrit de la maniere la plus formelle

& la plus précife la pleine & entiere exécution.

Cependant le fcandale que ces trafics illicites
d'Eccléfiaftiques ont caufé dans ces Royaumes,
& leurs dépendances eft devenu fi public & fi
révoltant, qu'il a forcé d'appeller au fecours
des Saints Canons & des Conftitutions Apoftoliques les Loix même de l'Etat. En vertu de ces
Loix, les Magiftrats féculiers ont faifi les marchandifes & effets qui étoient l'objet du commerce de ces Perfonnes Eccléfiaftiques, pour
être remis avec les pieces & informations à leurs
Juges ordinaires [1].

Nous avons de plus été informés avec certitude [ce qui nous a pénétré de la plus vive
douleur], que dans les Colléges, Noviciats,
Maifons, Réfidences & autres lieux des Provinces, & Vice-Provinces de l'Ordre de la Compagnie de Jefus, dans ces Royaumes & Domaines en dépendans, où le Saint Siege nous a
établi Commiffaire, pour les réformer & les ramener à la pratique exacte de leurs devoirs, autant que nous le pouvons felon notre foibleffe, il
fe trouvoit encore quelques Religieux fi éloignés

____

[1] Ord. Liv. 4. Tit. 16.

du fouvenir des fufdites faintes Ordonnances &
Conflitutions Apoftoliques, & fi obftinément
endurcis dans leurs tranfgreffions, que, foulant
aux pieds toute crainte de Dieu & tout refpect
humain, au grand détriment de leurs ames &
au fcandale de tous les Fideles, les uns imi-
tent les Vendeurs & Banquiers que N. S. J. C.
chaffa avec un fouet hors du Temple, & s'occupent dans leurs propres Maifons Religieufes ;
& comme telles confacrées à Dieu, non-feulement à recevoir & délivrer des lettres de change, ainfi que font les Banquiers & Gens de
commerce, mais même à vendre des marchandifes apportées d'Afie, d'Amérique & d'Afrique,
pour en retirer du bénéfice, comme fi ces Colléges, Maifons, Noviciats, Réfidences & autres
lieux, étoient des magafins de commerce, & ces
habitations des boutiques de Marchands. D'autres, femblables à ces Commerçans Eccléfiaftiques que les Saints Canons & les Saints Peres
ordonnent de fuir comme la pefte, parce qu'ils
paffent de la pauvreté aux richeffes, & de l'hu-
milité à l'orgueil & à l'arrogance, après s'être
fait par leur trafic des capitaux confidérables,
ont établi des magafins dans les Villes mari-
times de ces Royaumes & de leurs dépendances, où le voifinage des Ports rend le com-

merce plus facile & plus avantageux , & où ils
vendent eux-mêmes aux Peuples toutes fortes
de marchandifes , comme de véritables Négocians. D'autres enfin qui font dans les Pays
d'Outre-mer , dépendans de ce Royaume, fe font
portés à un excès de corruption encore plus
déplorable & qui eft fans exemple. Ils envoient
dans les Provinces & Contrées circonvoifines
des gens chargés d'y faire des provifions de dro-
gues qu'ils vendent enfuite dans leurs propres
Maifons; ils font faler des viandes & des poif-
fons ; ils préparent des peaux ; en un mot, leurs
réfidences font devenues des boutiques de toutes fortes de comeftibles , de ces denrées même
dont le commerce feroit honteux pour des Séculiers de la lie du peuple [1].

Tous ces défordres confidérés , ufant de l'autorité Apoftolique qui nous a été confiée, &
joignant aux difpofitions Divines & Canoniques les Bulles des Papes, & plus fpécialement
la Commiffion qui nous eft donnée par Sa Sainteté, en vertu de la fainte obéiffance, & fous
les menaces de déclarer l'excommunication ma-
jeure encourue *ipfo facto* , ainfi que toutes les

-----

[1] Ord. 4. Tit. 16.

autres

autres peines contenues dans les Bulles ci deſſus
citées, Nous ordonnons aux RR. PP. Provinciaux, Vice - Provinciaux, Préfets, Recteurs
& autres Supérieurs des lieux, & à leurs Sujets
reſpectifs dudit Ordre de la Compagnie de Jeſus, dans ces Royaumes & Pays en dépendans,
à tous en général, & à chacun en particulier,
qu'à l'inſtant où notre préſente Ordonnance leur
ſera repréſentée, manuſcrite ou imprimée, pourvu
qu'elle ſoit ſignée de Nous, & ſouſcrite de notre Illuſtriſſime & Révérendiſſime Secrétaire &
Adjoint, & ſcellée de notre grand ſceau, après
l'avoir lue en pleine Communauté, aſſemblée
au ſon de la cloche, & l'avoir enrégiſtrée dans
leurs livres reſpectifs, ceux à qui elle eſt adreſſée
faſſent pour ſon exécution ceſſer les ſuſdites
tranſgreſſions, ces ſcandales & tout ce qui pourroit y reſſembler, ſans que pour couvrir leur
négoce ils puiſſent, en quelque maniere que ce
ſoit, ſe prévaloir d'aucun prétexte, titre, cou-
leur, intelligence, cauſe, occaſion ou moyen,
même pour une fois ſeulemènt, alléguer le beſoin de leurs Egliſes reſpectives, ſe ſervir de perſonnes interpoſées, éluder les ſuſdites Conſtitutions Apoſtoliques par des interprétations contraires au ſens que préſentent leurs diſpoſitions
littérales, ou enfin temporiſer ſous prétexte qu'il

faut du temps pour terminer les affaires de négoce, dans lesquelles ils se trouvent engagés.
Toutes ces excuses étant réprouvées d'avance
dans ces mêmes Constitutions Apostoliques,
Nous voulons que celles-ci aient leur entier
effet, & qu'elles soient pleinement exécutées
selon leur forme & teneur, en ce qui regarde
lesdits RR. PP. Supérieurs de la Compagnie de
Jesus, soumis à notre autorité.

Nous leur déclarons donc par ces Présentes
que tous & chacun desdits commerces, quand ils
seroient licites pour des Séculiers, sont honteux
& illicites pour des Ecclésiastiques ; attendu que
la défense faite à ceux ci de commercer com-
prend toutes sortes de négoces, & ne leur permet que d'acheter les choses nécessaires à la vie
& d'en vendre le superflu, & s'étend jusqu'aux
choses qui proviennent du travail de leurs mains,
lorsqu'elles sont indécentes pour des Religieux
[1]. Mais le commerce est encore bien plus illicite & plus honteux pour des Religieux Missionnaires qui, comme tels, sont bien plus étroitement liés par les dispositions du Droit Divin,

---

[1] L'opinion des Docteurs sur ce point est uniforme. *Voyez*
Gonzales, *Tell. ad Text. in dict. cap. secundùm Instituta 6.
Ne Clerici vel Monachi*, n. 6 & 7.

& par les Conſtitutions Apoſtoliques; en ſorte que dans la Commiſſion dont Nous ſommes chargés, notre conſcience nous oblige indiſpenſablement de ne pas permettre le moindre relâchement en cette matiere.

C'eſt pourquoi Nous commandons auxdits Religieux de la Compagnie de Jeſus, en vertu de la ſainte obéiſſance, & ſous la même menace, de déclarer qu'ils ont encouru toutes & chacune des peines portées par les ſuſdites Conſtitutions Apoſtoliques; que dans le terme péremptoire de trois jours continus qui, ſelon les regles du Droit Canonique, ſuivront l'intimation qui leur ſera faite des Préſentes, ils faſſent auſſi-tôt, ou viennent faire leur déclaration pardevant Nous en cette Ville de Lisbonne, & ailleurs pardevant nos Subdélégués, des commerces, lettres-de-change, tranſports de marchandiſes, tant de celles qui ſont propres à l'uſage & à la parure des perſonnes, à l'ornement des tables & des maiſons, que de celles qui ſervent d'aliment & de ſoutien à la vie; des capitaux dans leſquels ils ſont intéreſſés, des effets & marchandiſes qu'ils ont actuellement en conſéquence de leur négoce, & des actions qui au même titre appartiennent à chacune de leurs Maiſons Religieuſes, ſoit dans ce Royaume &

ses dépendances, soit au-dehors ; représentant en même-temps devant Nous ou nos Commissaires, tous les registres & livres de compte qui se trouveront au pouvoir desdits Supérieurs, & de ceux qui leur sont soumis, déclarant dans quelles mains & pour quels motifs sont passés & se trouveront ceux qu'il ne leur sera pas possible d'exhiber ; afin que pleinement informés de tout ce que dessus, Nous puissions des marchandises, capitaux & effets provenans desdits commerces, faire telles applications au service de Dieu qui seront plus conformes aux décisions du Saint Siége, & au bien spirituel de la réforme dont Sa Sainteté nous a chargé.

Donné en notre demeure de la Junqueira, le 15 Mai 1758.

Moi Etienne-Louis de Magalhaens, Conseiller du Roi, Secrétaire & Adjoint de cette Réforme, ai fait écrire & soustraire ce Décret, & l'ai signé.

FRANÇOIS, Cardinal de Saldanha.

Place † du Sceau.

Etienne Louis de Magalhaens.

MANDEMENT

De l'Éminentiſſime & Révérendiſſime CARDINAL PATRIARCHE de Lisbonne.

Qui ôte aux Jéſuites les pouvoirs de prêcher & de confeſſer.

JOSEPH, Cardinal Patriarche de Lisbonne.

Pour de juſtes raiſons à nous connues, & qui intéreſſent ſpécialement le ſervice de Dieu & l'utilité publique, Nous ſuſpendons du pouvoir de confeſſer & de prêcher, dans toute l'étendue de notre Patriarchat, les Peres de la Compagnie de Jeſus, dès ce moment & juſqu'à nouvel ordre de notre part. Et afin que tout le monde en ſoit inſtruit, Nous ordonnons que le préſent Mandement ſera publié & affiché aux lieux accoutumés dans cette Ville & dans notre Patriarchat.

DONNÉ dans notre Palais, ſous notre ſcing & notre ſceau, le 7 Juin de l'année 1758.

J. Cardinal Patriarche de Lisbonne.

PAR SON EMINENCE.

CHRISTOPHE DE ROCHA CARDOSO.

d 3

PRÉCIS DU PROCES

ET

JUGEMENT

Rendu contre les Auteurs de l'exécrable attentat commis contre la Personne sacrée de Sa Majesté Très-Fidelle Joseph I Roi de Portugal, la nuit du 3 Septembre 1765.

Publié par ordre de Sa Majesté.

Nous Conseillers & Juges nommés par Sa Majesté Très-Fidelle , &c. &c.

Vu les Actes dressés suivant les formes de la Loi & les Ordonnances de Sa Majesté, contre les coupables Joseph Mascarenhas, ci - devant Duc d'Aveiro ; Donna Eléonor de Tavora, ci-devant Marquise de ce nom; François d'Assise de Tavora, ci-devant Marquis du même nom ; Louis-Bernard de Tavora, ci devant Marquis du même nom; Dom Jérôme de Ataïde, ci-devant Comte d'Atonguia; Joseph Marie de Tavora, ci-devant Aide-de-Camp du Marquis son pere ;

Braz-Joſeph Romeiro, Capitaine de Cavalerie
dans le Régiment du Criminel Louis-Bernard de
Tavora; Antoine Alvarès Ferreira, Joſeph Polycarpe d'Azévédo, Emmanuel Alvarès Ferreira, valet-de-chambre du Criminel Joſeph Maſcarenhas, & Jean-Michel, laquais du même Criminel; les Informations & Pieces y jointes; les
allégations, articles & défenſes fournies par les
ſuſdits Criminels.

I. Il eſt pleinement prouvé par les aveux de la
plus grande partie des mêmes Criminels, par les
dépoſitions de pluſieurs témoins oculaires & autres faits qui s'y rapportent, que le Criminel Joſeph Maſcarenhas avoit conçu une haine téméraire, ſacrilege & implacable contre l'auguſte &
très-ſacrée Perſonne du Roi, notre Seigneur,
pour avoir Sa Majeſté rendu inutiles & ſans
effet, par ſa ſageſſe & prudence Royale, & par
ſes ordres très-juſtes, les meſures artificieuſes &
téméraires que ledit Maſcarenhas avoit priſes
pour ſe conſerver, pendant le très-heureux Gouvernement de ces Royaumes, tout le pernicieux
crédit qu'il avoit eu dans ce même Gouvernement, pendant les dernieres années du Regne
précédent, par le moyen & l'autorité de ſon oncle le Pere Gaſpard de l'Incarnation; & auſſi

parce que Sa Majesté n'avoit pas voulu souffrir
qu'il réunît aux biens Royaux & Patrimoniaux
de la Maison d'Aveiro, les riches bénéfices qu'a-
voient possédés pendant leur vie les Administra-
teurs de sa famille, & sur lesquels les regles des
Bénéfices Ecclésiastiques ne lui permettoient pas
de prétendre aucun droit, n'ayant aucun titre
personnel qui pût l'autoriser à les posséder ; &
enfin, parce que ledit Seigneur Roi s'étoit op-
posé au mariage que ledit Coupable avoit, avec
autant de précipitation que d'avarice, projeté de
faire contracter à son fils le Marquis de Gouvea, avec Donna Marguerite de Lorena, sœur
de Dom Nuno Gaëtan de Mello, Duc de Cadaval, vraisemblablement dans l'idée de con-
fondre par le moyen de ce mariage dans sa propre Maison les biens de la très-illustre Maison
de Cadaval, dont le Chef actuellement mineur,
& sujet aux infirmités qui ont été si funestes à sa
famille, étoit encore dans le célibat ; parce que,
pour l'empêcher de se marier, le même Criminel ne cessoit de lui susciter des procès & des
saisies qui avoient mis les biens & revenus de ce
même Duc mineur dans un tel embarras, qu'ils
ne pouvoient lui fournir les moyens nécessaires
pour faire les dépenses d'un établissement capable de mettre le même Duc de Cadaval en état

d'affurer la durée de fa très-digne & très-illuftre Maifon.

II. Il eft encore prouvé que le même Crimi-nel Dom Jofeph Mafcarenhas étant diaboliquement animé des malins efprits d'orgueil, d'ambition, & d'avarice, & d'un courroux implacable contre la très-augufte & très-bienfaifante Perfonne de Sa Majefté, ne tarda pas à s'occuper d'autres projets abfurdes, qui le porterent à chercher tous les moyens de gagner & d'attirer à foi toutes les perfonnes qui fe trouvoient avoir encouru la difgrace de Sa Majefté, ou qui étoient injuftement mécontentes de fon très-heureux Gouvernement; qu'il s'eft efforcé de les en aliéner plus encore qu'elles ne l'étoient, par les très-pernicieux exemples de fes calomnies facrileges, & de fa haine pour le fervice du Roi, auquel il ne faifoit point de fcrupule de manquer avec infamie; jufques-là qu'il en eft venu à proférer cet infolent difcours: Que c'étoit pour lui la même chofe de lui donner ordre d'aller à la Cour, que de lui caffer les jambes. Son inconcevable témérité ne s'eft même pas bornée là; il s'eft livré à cette flatteufe imagination, & fe l'eft entendu répéter avec approbation & complaifance, qu'il n'y avoit plus de degré où il pût

monter que le Trône même, & qu'il ne lui
reſtoit à deſirer que d'être Roi.

III. Il eſt prouvé que le ſuſdit Criminel s'af-
fermiſſant de plus en plus dans cet exécrable &
infernal ſyſtéme de haine & de ſédition infâme,
dans le temps même qu'il y avoit entre lui &
les Religieux Jéſuites, une averſion implacable
& une guerre déclarée, qui, pendant toute la
durée du Miniſtere de ſon oncle, le Pere Gaſpard de l'Incarnation, avoit généralement ſcan-
daliſé la Cour & tout le Royaume, & qui, après
la mort dudit Pere Gaſpard, avoit continué avec
la même violence qu'auparavant, a ſubitement
changé de ſentimens & de conduite, dès que
ces Religieux ont été deſtitués de l'Emploi de
Confeſſeurs de Leurs Majeſtés & de Leurs Al-
teſſes Royales, & que l'entrée de la Cour leur a
été défendue à cauſe des manœuvres qu'ils y
avoient pratiquées pour aliéner de l'union & de
la bonne intelligence avec Sa Majeſté, certaines
Cours Etrangeres, & des révoltes formelles,
des guerres ouvertes qu'ils avoient ſuſcitées à
Sa Majeſté dans l'Uraguay & le Maragnon. Au
lieu de fuir leſdits Religieux comme des hommes empeſtés, ainſi que lui preſcrivoient les obligations de ſa Charge & ſa qualité de Sujet, le

fufdit Criminel a fait précifément tout le contraire. A l'aide d'une réconciliation auffi artifi-
cieufe qu'inattendue, & qui jufques-là avoit
paru incompatible avec fon inflexible orgueil,
il s'eft empreffé de s'unir & de fe familiarifer
avec ces Peres. On l'a vu leur rendre de fré-
quentes vifites, & les recevoir dans fa maifon,
avoir avec eux de longues conférences, ordonner à fes Domeftiques de les faire entrer chez
lui auffi-tôt qu'ils arrivoient, leur recomman-
dant un inviolable, infidieux & extraordinaire
fecret fur ces vifites qu'il faifoit aux Jéfuites &
que ces Peres lui rendoient.

IV. Il eft prouvé que de cette réconciliation
[auffi peu conforme à la hauteur exceffive de
ee Criminel, qu'à l'arrogance notoire & à l'efprit vindicatif de ces Religieux] ont réfulté ces
exécrables effets : l'un, qu'il s'eft formé une liai-
fon étroite, entre tous les fufdits Coupables,
pour fe déclarer ennemis de l'augufte Perfonne
de Sa Majefté, & de fon très-heureux & très-
glorieux Gouvernement ; l'autre, que cette Confédération s'eft portée jufqu'à cet horrible excès
de faire enfemble dans les conférences qui fe
tenoient avec le fufdit Criminel à Saint-Antoine,
à Saint Roch, & dans fon propre Hôtel, de
communes délibérations, dont le réfultat étoit

que l'unique moyen par lequel on pouvoit parvenir à changer le Gouvernement, [ce qui faisoit l'objet commun, ambitieux & deteſtable de tous ces Conjurés], étoit de comploter la mort du Roi notre Seigneur. Tous ainſi réunis dans cette cauſe commune, ils continuoient de délibérer enſemble ſur ce ſacrilege & infâme projet, avec ces Religieux qui encourageoient de tout leur pouvoir le ſuſdit Criminel à l'exécution de cet infernal Parricide, en lui faiſant faire réflexion que tout s'arrangeroit au gré de ſes deſirs, dès que Sa Majeſté auroit terminé ſa très-précieuſe & très-glorieuſe vie. Les mêmes Religieux décidoient encore que le Parricide qui tueroit Sa Majeſté ne ſeroit pas même coupable d'un péché véniel. Ils ne ceſſoient de débiter ces Machiavéliques, déteſtables & barbares tromperies ſi capables de bleſſer les oreilles pieuſes, dans ces fréquens conventicules qui ſe tenoient pour cette infâme Conjuration entre leſdits Religieux, le ſuſdit Criminel, & tous ſes autres Complices.

V. Il eſt prouvé que le Criminel & les ſuſdits Religieux, continuant de ſuivre leur déteſtable Confédération & leur Conjuration infernale, dont ils préparoient d'un commun accord tous les effets, ils travaillerent à y faire entrer la

Marquife Donna Eléonor de Tavora , malgré
l'averfion naturelle qu'il y avoit eu de tout temps
entr'elle & le fufdit Criminel , tant à caufe de
l'antipathie de leurs caracteres , que de la con-
trariété de leurs intérêts qui fembloient y devoir
mettre un obftacle invincible , puifqu'il y eut
toujours entre ladite Marquife & ce Criminel,
une efpece de combat à qui des deux l'empor-
teroit fur l'autre, en ambition & en orgueil ; que
par cette raifon, ladite Marquife étoit tourmen-
tée d'une jaloufie extrême de voir la Maifon du
fufdit Criminel élevée au deffus de celle de Tavora en honneurs & en richeffes, & que la haine
qu'elle avoit conçu contre lui étoit devenue encore plus vive par les mouvemens qu'il fe donna
lorfque le Marquis François d'Affife de Tavora
étoit dans les Indes, pour lui ôter, pendant fon
abfence, les Fiefs de Margaride, & les biens
libres de fa Maifon. Cependant, malgré tout ce
qu'on vient de dire, les Conjurés firent fi bien,
d'un côté par la méchanceté defdits Peres Jéfuites, & de l'autre par celle du fufdit Criminel,
qu'effectivement ils vinrent à bout d'engager ladite Marquife dans leur infâme Conjuration.

VI. Pour confirmation de tout ce qui a été
rapporté, il eft encore prouvé que la fufdite
Marquife ne fut pas plutôt entrée dans ladite

Conjuration, qu'elle s'appliqua, de concert avec lesdits Peres Jésuites, à persuader à toutes les personnes de sa connoissance & de ses amis, que Gabriël Malagrida [1], Religieux de la même Société, étoit un saint homme & un saint pénitent. Dans cette vue, ladite Marquise fit exprès les exercices spirituels, sous la direction de ce Religieux, afin de faire voir qu'elle suivoit entiérement ses avis & ses conseils. Ces ostentations affectées de confiance dans ledit Gabriël Malagrida, & de soumission à sa conduite, produisirent les plus criminels & les plus pernicieux effets. La maison de cette Criminelle devint le siege d'assemblées journalieres, où l'on ne cessoit de vomir des invectives & des calomnies, pour exciter l'aversion & la haine des Portugais, contre la Royale Personne de Sa Majesté, & son très-heureux Gouvernement. Le sujet ordinaire & continuel de ces conversations, étoit de pratiquer des trahisons & des complots, contre la Personne sacrée du Roi. On y décidoit ouvertement qu'il seroit fort utile que Sa Majesté cessât de vivre; & d'après cet abominable principe, on s'occupoit des moyens de

____

[1] C'est un Jésuite Italien que les Jésuites Portugais avoient, dit-on, fait venir à Lisbonne pour jouer le personnage de Prophete.

commettre fûrement le facrilege attentat de la
nuit du 3 Septembre de l'année derniere. La
Marquife fe réuniffoit, par la conformité de fes
fentimens déteftables avec ceux du Duc d'A-
veiro, à toutes les machinations & aux noirs
deffeins qui fe formoient dans la maifon de ce
Duc, pour ôter la vie au Roi notre Seigneur,
& mettre fin à fon heureux Gouvernement.
Outre le fufdit Gabriël Malagrida fon Direc-
teur ordinaire & abfolu, la Marquife complo-
toit encore avec les Jéfuites Jean de Matos, Jean
Alexandre, & autres de la même Société, avec
lefquels elle s'étoit également confédérée. C'eft
ainfi que cette même Marquife devint l'un des
trois Chefs principaux de cette barbare & horrible Conjuration, & l'une des plus zélées à l'é-
tendre, employant fon crédit, fes artifices, les
moyens ci-deffus déclarés, & plufieurs autres pour
faire entrer dans cette même Conjuration toutes
les perfonnes qu'il lui fut poffible de féduire.
Enfin, elle a mis le comble à tous ces crimes,
en s'affociant immédiatement aux perfides &
facrileges exécuteurs de l'exécrable attentat de
la nuit du 3 Septembre de l'année derniere,
auxquels elle compta feize lisbonines [1], pour

______

[1] L'original Portugais, dit *Moedas*, monnoie d'or qui
vaut à peu-près 5000 reis ou 30 liv. de France.

contribuèr à une partie de la récompenſe qu'on donna aux infâmes & déteſtables monſtres qui, dans cette malheureuſe nuit, tirerent les coups ſacrileges qui cauſerent les énormes accidens qui nous ont fait verſer tant de larmes.

VII. Il eſt prouvé que la Marquiſe continuant de ſuivre ſon plan abominable, & s'étant arrogé un empire abſolu ſur toutes les actions du Marquis François d'Aſſiſe de Tavora, ſon mari, de ſes fils, de ſes filles, de ſon gendre, de ſes beaux-freres & autres perſonnes, elle avoit indignement abuſé de l'autorité qu'elle avoit ſur eux, pour les pervertir; de ſorte qu'emportée par l'eſprit d'un orgueil diabolique, d'une ambition & d'une avarice inſatiable, apres s'être aſſociée, pour ſatisfaire ces paſſions, avec le Duc d'Aveiro & leſdits Peres Jéſuites, comme on l'a déjà dit, elle eut l'impiété & l'inhumanité d'engager dans la même conſpiration & dans l'horrible attentat de la nuit du 3 Septembre de l'année derniere, ſon mari, ſes fils, ſon gendre, ſes beaux-freres & ſes amis, ainſi qu'on va le voir; ſe ſervant comme d'un inſtrument propre à conſommer cette œuvre infernale, non-ſeulement de l'opinion qu'elle ſeignoit d'avoir de la prétendue ſainteté du ſuſdit Gabriël Malagrida, mais encore des Lettres qu'il lui écrivoit fréquemment

pour

pour l'engager à perfuader à tous fes parens d'aller à Sétuval faire les Exercices Spirituels, fous la direction dudit Malagrida.

VIII. Il eſt prouvé que, par un effet de ces diaboliques préliminaires, le premier des Complices qui fe précipita dans cette infâme Conjuration, fut le Marquis François d'Aſſife de Tavora, qui eut le malheur de fe jeter dans ce précipice, par les fuggeſtions de ladite Marquife fa femme, du Duc d'Aveiro fon beaufrere, & defdits PP. Jéfuites; de maniere qu'après cela, il fit de fon Hôtel cette infâme boutique de conjurations, de trahifons & de machinations, contre la gloire & la précieufe vie de Sa Majeſté. Et pour parvenir aux fins abominables de ce pernicieux complot, il prit part à toutes les pratiques qui fe tramoient dans l'Hôtel du Duc d'Aveiro, & à toutes les conférences qu'on y tenoit pour parvenir à changer le Gouvernement de Sa Majeſté, & à lui ôter fa vie. A ces fins, il porta au Duc d'Aveiro 12 moëdas, ou 57,400 reis, pour fa quote part du vil & infâme falaire que l'on donna aux deux Affaſſins dont on a parlé ci-deſſus, avant qu'ils commiſſent l'attentat du 3 Septembre de l'année derniere. Auſſi eſt-il arrivé que dans le temps même de cet attentat, le bruit public, d'accord avec l'opinion & même la science certaine des amis des deux Maisons, & des Complices du susdit attentat, fit regarder ledit Marquis François d'Assise, comme un des principaux auteurs de cet exécrable forfait. De plus, il y a preuve certaine & précise qu'il y a personnellement concouru, & qu'il s'est trouvé dans une des embuscades que l'on avoit dressées dans cette funeste nuit, du 3 Septembre de l'année derniere ; de telle maniere que si le Roi en évitoit quelques-unes, il ne pût échapper aux autres. Et après que le crime fut commis, on le vit, la même nuit, comme il se retiroit desdites embuscades, dans la piece de terre qui est derriere le jardin du Duc d'Aveiro, complotant avec les autres Conjurés sur les moyens de consommer leur crime. Et dans la matinée du jour suivant, il se trouva dans l'assemblée ou conventicule qui se tint dans l'Hôtel du Duc d'Aveiro, où les uns firent de grands reproches aux Assassins, de n'avoir pas exécuté leur coup, de maniere à lui faire produire tout son pernicieux effet, & les autres se vantoient que si le Roi eût passé par l'endroit où ils s'étoient mis en embuscade pour l'attendre, ils ne l'auroient certainement pas manqué.

IX. Il est prouvé que le second des Complices, que ladite Marquise Donna Eléonor de Ta-

vora, le Duc d'Aveiro, & lesdits Religieux
conjurés avec eux, ont engagé dans cette infâme
Conjuration, après l'avoir séduit par les décisions desdits Religieux, par la réputation de sainteté du P. Gabriël Malagrida, & par les calomnies débitées contre la très-auguste Personne de
Sa Majesté, & son très-heureux & très-glorieux
Gouvernement, est le Marquis Louis-Bernard de
Tavora. Il y a preuve contre ce Criminel, qu'il
alloit presque tous les jours dans la maison du
Duc d'Aveiro, & qu'il recevoit de lui de fré-
quentes visites; que par ce moyen il a été présent aux pernicieux complots, aux calomnies
sacrileges, & aux infâmes conjurations qui se
pratiquoient dans la maison du Marquis & de
la Marquise ses pere & mere, & dans celle du
Duc d'Aveiro, qu'il s'associa réellement à ladite
Conjuration, jusqu'à offrir des armes & des chevaux pour l'exécution de cette Conjuration, &
commettre le sacrilege attentat; que deux jours
avant l'exécution, il avoit envoyé, avec des précautions toutes particulieres, des chevaux tout
appareillés & caparaçonnés dans l'écurie du Duc
d'Aveiro; qu'ensuite s'étant trouvé, contre sa
coutume, le soir du même jour, 3 Septembre
dernier, avant l'attentat dont il s'agit, avec le
Marquis son pere, Joseph-Marie de Tavora son

frere, & d'autres, en délibération fur cet attentat, il fe rendit en perfonne la même nuit dans les embufcades dreffées contre l'augufte & très-précieufe vie de Sa Majefté, & qui étoient difpofées de maniere que fi Elle en évitoit une, Elle ne pût s'empêcher de tomber dans les autres que l'on avòit placées entre les deux maifons *do Meyo* & *de Cyma*. Enfin, que dans la matinée fuivante, il fe trouva auffi dans l'affemblée, ou plutôt dans le conventicule qui fe tint dans l'Hôtel d'Aveiro, où, comme on l'a dit, quelquesuns des affiftans querelloient les Affaffins qui avoient tiré fur le Roi les coups facrileges, de ce que ces coups n'avoient pas produit leur véritable effet, & les autres fe flattoient qu'ils auroient confommé cet abominable crime, fi la chaife du Roi eût paffé par l'endroit où le guettoient ceux qui ofoient faire parade de cette barbare & facrilege jactance.

X. Il eft prouvé que le troifieme des Complices, que les trois féditieux & déteftables Chefs de cette infâme Conjuration y ont engagé, & qu'ils ont précipité dans ce barbare & facrilege forfait, eft D. Jérôme de Ataïde, Comte d'Atonguia, gendre des fufdits Marquis & Marquife François d'Affife & Donna Eléonor de Tavora. Il y a preuve contre celui-ci, que prefque toutes

les nuits il prenoit part, avec la Comteffe fa
femme, aux abominables & féditieufes conférences qui fe tenoient dans l'Hôtel de fon beau-
pere & de fa belle-mere, Marquis & Marquife
de Tavora; que c'eft dans ces conférences, &
par cette fufdite belle-mere, qu'il a été féduit
au point de fuivre en tout & par-tout les abominables fuggeflions de cette femme, & les
déteftables enfeignemens des Jéfuites, qui lui
étoient infinués par les Peres Gabriël Malagrida,
Jean de Matos & Jean-Alexandre, & de conce-
voir une extrême averfion pour la Royale Perfonne, & l'heureux Gouvernement de Sa Majeflé. Il y a preuve encore qu'il a contribué de
huit moëdas, pour l'indigne prix des Affaffins
qui ont tiré les coups facrileges, & qu'il eft
entré dans cette Conjuration avec les Jéfuites
Malagrida, Jean de Matos & Jean-Alexandre.
Il y a preuve enfin, que ce Criminel étoit au
nombre de ceux qui guettoient Sa Majeflé dans
cette malheureufe nuit du 3 Septembre de l'année derniere, & que la Comteffe fa femme fe
trouva dans cette folle & criminelle affemblée,
qui fe tint, comme on l'a dit ci-deffus, dans
l'Hôtel du Duc d'Aveiro à Bélem.

XI. Il eft prouvé que le quatrieme Complice
que les fufdits trois Chefs ont attiré dans cette

Conjuration par les moyens ci-deſſus rapportés, eſt Joſeph Marie de Tavora, Aide-de-Camp du Marquis de Tavora ſon pere. Il y a preuve que ce jeune Officier, perverti par la Marquiſe ſa mere, & par les pernicieuſes pratiques dont il étoit témoin dans ſa maiſon, ainſi qu'on l'a fait voir, eſt entré non-ſeulement dans le complot des autres conſpirateurs, en ſe mettant au nombre des mécontens du Gouvernement de Sa Majeſté, mais encore qu'il s'eſt trouvé dans les ſacrileges embuſcades, dreſſées la nuit du 3 Septembre dernier, contre la très-précieuſe vie de Sa Majeſté; qu'il a aſſiſté la même nuit, avec les autres Conjurés, au conventicule qu'ils tinrent auſſi-tôt après l'exécution de leur attentat, dans cette piece de terre qui eſt au nord du jardin du Duc d'Aveiro; & qu'enfin il a été auſſi préſent à cet autre conventicule ou aſſemblée qui ſe tint le lendemain matin dans l'Hôtel du Duc d'Aveiro; & que c'eſt lui qui, entendant traiter de miracle la préſervation de la très-précieuſe vie de Sa Majeſté dans cette circonſtance, proféra ces paroles barbares & féroces: *Certes, s'il eût paſſé dans l'endroit où j'étois, il n'auroit pas échappé.*

XII. Il eſt prouvé que le cinquieme Complice, que les ſuſdits trois Chefs de cette infame Con-

juration ont engagé dans leur complot & dans
le facrilege attentat qui en a été l'effet , eft Braz-
Joseph Romeiro. Il eft conftant , par fa propre
confeffion , que dès l'année 1749, il demeuroit
avec François d'Affife & Donna Eléonor de Tavora , Marquis & Marquife de ce nom ; que la
même année il partit avec eux pour l'Inde &
en revint ; qu'enfuite il a paffé de leur Maifon
dans celle de leur fils le Marquis Louis-Bernard
de Tavora ; qu'il étoit Capitaine de Cavalerie
dans fon Régiment , Intendant de fa Maifon , &
fon grand favori ; en conféquence de ces qualités , il eft juftifié , par fon propre aveu , que ledit
Marquis Louis-Bernard de Tavora lui avoit fait
confidence de ce qui s'étoit paffé dans la foirée
qui précéda la nuit de l'attentat, dans les conventicules où il avoit affifté avec fon pere & fon
frere ; & encore que lefdits Marquis de Tavora
pere & fils l'avoient chargé , en lui demandant
le fecret , de mener dans les endroits où fe commit le même attentat, les trois chevaux qu'ils
avoient fait préparer & armer. Outre cela , il
y a preuve que ce Criminel fe trouva en perfonne
dans les facrileges embufcades que les Conjurés
avoient dreffées la nuit où fe commit cet exécrable forfait, pour guetter Sa Majefté , & qu'il
étoit dans celle où fe trouvoit le Marquis Fran-

çois d'Affife de Tavora. Il eft encore conftant qu'il affifta au conventicule que tinrent les Conjurés, après être fortis de leurs embufcades, dans la piece de terre qui eft au nord du jardin du Duc d'Aveiro.

XIII. Il eft prouvé que le fixieme & le feptieme des Complices que Jofeph Mafcarenhas, ci-devant Duc d'Aveiro, Chef de cette Conjuration, y a engagés, font les Criminels Antoine Alvarès Ferreira, qui a été valet-de-chambre dudit Jofeph Mafcarenhas, & Jofeph-Polycarpe d'Azévédo, beau-frere dudit Antoine Alvarès. Il y a preuve complette que ledit Jofeph Mafcarenhas avoit donné ordre à Manuel Alvarès fon valet-de-chambre actuel, de lui faire venir ledit Antoine Alvarès fon frere ; que celui-ci vint effectivement trouver ledit Jofeph Mafcarenhas ; que ledit Jofeph Mafcarenhas étant allé lui parler dans une baraque qui eft derriere le jardin de fon Hôtel de Bélem, il lui donna, en grand fecret, la commiffion d'attendre la chaife qui devoit mener Sa Majefté de *la Quinta* [ou maifon de campagne] *do Meyo* à la *Quinta de Cima*, où eft fon Palais Royal, & de tirer avec ledit Jofeph Mafcarenhas, deux coups de moufqueton contre ladite chaife ; qu'ayant enfuite changé d'avis, ils étoient convenus enfemble que ledit Antoine

Alvarès iroit trouver ledit Joseph-Polycarpe son beau-frere, pour l'engager à commettre avec lui le crime exécrable dont il s'agissoit ; ce qui arriva effectivement : de maniere que ces deux scélérats prirent avec ledit Joseph Mascarenhas toutes leurs mesures pour commettre ensemble ce détestable crime ; que pour cet effet, ledit Joseph Mascarenhas les a menés plusieurs fois avec lui, tant à pied qu'à cheval, pour leur faire connoître ladite chaise ; & que, pour s'acquitter de la commission dont il les avoit chargés, il leur avoit donné ordre d'acheter deux chevaux inconnus ; ce que fit effectivement le Criminel Antoine Alvarès, qui en acheta un de Louis d'Orta, demeurant dans la place du Secours, pour quatre moëdas, & un autre d'un Bohémien, demeurant à Marvilla, appellé Emmanuel Soarès, pour quatre moëdas & demie ; que ledit Joseph Mascarenhas leur donna aussi ordre d'acheter des armes qui ne fussent pas connues ; mais que ledit Antoine Alvarès ne jugea pas à propos d'en acheter, aimant mieux se servir avec son beau-frere d'une carabine à lui, & d'une autre qu'il emprunta avec deux pistolets d'un étranger qui demeuroit dans l'Hôtel du Comte d'Unhao, sous prétexte d'en faire l'essai, & qu'il lui rendit après l'exécution de leur attentat ; que ce font-là les armes que lefdits An-toine Alvarès & Jofeph - Polycarpe ont tirées contre la chaife qui menoit Sa Majefté cette malheureufe nuit du 3 Septembre de l'année derniere, dans laquelle fe commit cet exécrable forfait ; que ces deux déteftables fcélérats avoient reçu, pour prix de leur crime, dudit Jofeph Mafcarenhas quarante moëdas, une fois feize, une autre fois quatre, & la derniere fois vingt ; qu'auffi-tôt après qu'ils eurent déchargé leurs armes fur le derriere de la chaife où étoit Sa Majefté, Antoine Alvarès & fon fufdit beau-frere s'enfuirent à toute bride à travers les terres, jufqu'à la chauffée qui va par derriere la *Quinta do Meyo*, d'où étant fortis par le chemin de tra-verfe, appellé *Guarda mor da fande* [Grande garde du falut], ils fe retirerent dans la Ville de Lisbonne ; que deux jours après, ledit Crimi-nel Antoine Alvarès vint à l'Hôtel du Duc d'Aveiro, qui lui avoit donné cette funefte com-miffion, & qui l'avoit mandé ; que celui-ci lui fit de grands reproches de ce qu'il avoit manqué fon coup, prononçant en furie, & le doigt fur la bouche : *Aye foin de te taire, parce que le Diable lui-même n'en faura rien fi tu n'en parles ;* & qu'il lui recommanda de ne pas vendre fitôt les chevaux, afin qu'on ne pût rien foupçonner.

De sorte qu'il y a preuve complette que ces horribles scélérats, Antoine Alvarès Ferreira, & son beau-frere Joseph-Polycarpe d'Azévédo, sont indubitablement les deux exécrables monstres qui ont tiré les coups sacrileges dont la Royale Personne de Sa Majesté a reçu les blessures que l'honneur, la fidélité & l'amour filial de ses Sujets ont déplorées avec des larmes infinies.

XIV. Il est prouvé que le huitieme Complice engagé dans cette Conjuration par le même Joseph Mascarenhas, a été le Criminel Emmanuel Alvarès Ferreira, à qui il donna ordre de faire venir, & qui effectivement alla plusieurs fois chercher le sacrilege Assassin Antoine Alvarès Ferreira son frere. Il y a preuve que ce fut lui qui présenta audit Joseph Mascarenhas la perruque & le capot avec lesquels il se déguisa la nuit de l'attentat, sur lequel il a gardé un profond silence, jusqu'au temps où il a été arrêté, quoique ledit Antoine Alvarès son frere lui eût donné pleinement connoissance trois ou quatre jours après l'attentat du 3 Septembre dernier, de la commission qu'il avoit reçue dudit Joseph Marcarenhas pour ce même attentat & cette sacrilege exécution ; & qu'enfin il est coupable d'une résistance criminelle, pour avoir tiré l'épée à Aceitao, contre le Secrétaire Louis-Antoine de Leire, lorfqu'avec autant d'honneur que de courage, ce Secrétaire arrêta le fufdit Jofeph Mafcarenhas dans le temps qu'il prenoit la fuite.

XV. Il eft prouvé que le neuvieme Complice que les Chefs fufdits affocierent à leur Conjuration, eft Jean Michel, laquais & grand confident du fufdit Criminel D. Jofeph Mafcarenhas. Outre qu'il eft prouvé qu'un nommé Jean étoit un des Complices de l'affaffinat du 3 Septembre dernier, il a été depuis convaincu, par la déclaration de fon Maître même, qu'il étoit ce même Jean qui étoit avec lui fous l'arcade, lorfque ledit Jofeph Mafcarenhas tira contre le Cocher de Sa Majefté le coup qui ne prit pas feu.

XVI. Il eft prouvé que c'eft par le moyen de toutes ces confpirations, affociations & complots ci-deffus rapportés, que les trois Chefs fufdits de cette Conjuration & leurs Complices ci-devant nommés, ont prémédité & exécuté l'horrible affaffinat de la nuit du 3 Septembre de l'année derniere ; & quoique par la préméditation, la cruauté & la barbarie de cet attentat, il foit en lui-même infiniment atroce, la maniere dont il a été commis & toutes fes circonftances

le rendent encore plus aggravant & plus criminel.

XVII. Il eſt prouvé que les deux Chefs de
cette infame Conjuration, Joſeph Maſcarenhas
& Donna Eléonor de Tavora , ont fait une quête
ſordide , à laquelle ils ont fait contribuer leurs
autres Complices ci-devant nommés , pour former une ſomme de 192,000 reis (1) donnée
aux deux barbares & féroces Aſſaſſins Antoine
Alvarès Ferreira & Joſeph-Polycarpe , pour le
prix de leur crime : que le Criminel Louis-Bernard de Tavora avoit envoyé deux jours avant
l'aſſaſſinat deux chevaux tout prêts à monter ,
que l'on avoit mis , pour s'en ſervir à commettre ce crime , dans l'écurie dudit Criminel Joſeph
Maſcarenhas ; que le Criminel François d'Aſſiſe
de Tavora avoit envoyé à la même écurie dudit
Criminel Joſeph Maſcarenhas trois autres chevaux qui furent menés par le Capitaine Braz-
Joſeph Romeiro , & par le Poſtillon Antoine-
Joſeph ; que la même nuit , ledit Joſeph Maſcarenhas avoit fait auſſi préparer & mener ſur
les terres qui ſont derriere la baraque de ſon

---

(1) Le *Reis* eſt une petite monnoie de Portugal qui vaut
un denier & demi de France ; les 192,000 reis , valent 1200
liv. de notre monnoie.

Secrétaire Antoine - Joseph de Matos, quatre
autres chevaux de sa propre écurie, lesquels il
appelloit *Serra, Guardamor, Pailhava & Coim-
bra*; que ces neuf chevaux, avec ceux des
deux infames & cruels Assassins Antoine Alvarès & Joseph-Polycarpe faisoient le nombre
de onze chevaux, sans compter ceux qui étoient
montés par les autres Complices; que ces Criminels s'étant partagés en différentes bandes, se
mirent en embuscade dans ce petit espace de
terre, qui est entre l'extrêmité septentrionale des
bâtimens de la maison de campagne, appellée *do
Meyo*, & l'extrêmité méridionale de l'autre maison, appellée *de Cima*, par laquelle le Roi a
coutume de rentrer quand il sort sans cortege,
comme cela est arrivé la nuit de l'horrible attentat dont il s'agit; embuscades qui étoient dis-
posées de maniere que si Sa Majesté eût échappé
aux deux premieres, Elle ne pouvoit manquer
de périr dans celles par lesquelles Elle devoit
passer ensuite.

XVIII. Il est prouvé que Sa Majesté ayant
passé le coin de l'extrêmité septentrionale de la
maison *do Meyo*, le susdit Chef de la Conspira-
tion, Joseph Mascarenhas, sortit incontinent de
dessous l'arcade où il se tenoit caché, accom-
pagné de son laquais & confident Jean-Michel,

& d'un autre de ses Complices, & qu'il tira contre le Cocher ou Postillon Custodio da Costa,
qui menoit la chaise de Sa Majesté, un coup
de bracmare [1] ou carabine, qui ne prit pas
feu ; ce dont le Postillon s'étant apperçu par le
bruit que fit cette arme & par les étincelles qui
jaillirent de la pierre, il se mit, sans rien dire à
Sa Majesté de ce qu'il avoit vu & entendu, à
presser ses mules avec toute la vivacité possible,
pour pouvoir éviter les autres coups qu'il ap-
préhendoit, ne pouvant pas douter que ce ne fût
sur lui, & à dessein de le tuer, qu'on avoit tiré
le coup qui étoit demeuré sans effet ; ce que
l'on a tout sujet de regarder comme un premier
miracle accordé dans cette funeste nuit par la
Toute-Puissance Divine à ces Royaumes, pour
la préservation de la précieuse vie de Sa Majesté.
En effet il auroit été impossible qu'Elle eût
échappé, si son Postillon eût été tué de cet infame coup. Alors sans doute Sa Majesté auroit
été sacrifiée par les mains de ces horribles monstres, qui s'étoient armés contre son auguste &
très-précieuse vie, dans tant d'embuscades si voi-
sines les unes des autres.

---

[1] Espece de carabine qu'on charge d'une quantité de balles
ou de mitraille.

XIX. Il eſt prouvé qu'à cauſe de la vîteſſe extrême avec laquelle le Poſtillon ſe hâta de ſe mettre à couvert des autres coups dont il ſe voyoit menacé, les deux féroces Aſſaſſins Antoine Alvarès & Joſeph-Polycarpe qui étoient embuſqués auprès de la breche du mur neuf, réparée depuis peu, ne purent tirer leurs coups auſſi facilement qu'ils l'avoient eſpéré ſur la chaiſe du Roi, ni choiſir un lieu aſſez commode pour le faire avec ſuccès. Etant donc obligés de ſuivre la chaiſe au galop, ils tirerent comme ils purent ſur le derriere de la chaiſe, les deux ſacrileges & exécrables coups qui cauſerent dans cette voiture & les habits du Roi tout le déſordre énoncé dans les Procès-verbaux, qui en ont été dreſſés pour conſtater le corps du délit. Ces deux coups firent ſur la Perſonne de Sa Majeſté de cruelles & dangereuſes bleſſures, depuis l'épaule droite, juſqu'au coude en-dehors & endedans du bras, & même ſur le corps où ſix grains pénétrerent. Une partie conſidérable des chairs fut emportée par la groſſe mitraille dont Sa Majeſté fut frappée en différens endroits, où elle fit de grands déchiremens & de larges trous, d'où ſortit enſuite quantité de cette dangereuſe munition. Ce qui d'une part met en évidence la cruauté avec laquelle on a préféré la groſſe mitraille

traille à de fimples balles, pour affurer davantage le fuccès de ce barbare & facrilege attentat, & fait voir, d'une autre part, un fecond
miracle évident que la Toute-Puiffance Divine
a opéré dans cette malheureufe nuit, pour le
bien général des Royaumes & Etats de Sa Majefté. En effet, il n'eft point dans l'ordre des
événemens ordinaires, & le hafard feul ne peut
faire qu'il puiffe entrer deux décharges de ca-
rabines, chargées de groffe mitraille, dans un
efpace auffi étroit que le dedans d'une chaife,
fans faire périr totalement & abfolument les
perfonnes qui y font. Il eft donc bien évident
que la feule main du Tout-Puiffant a pu avoir
la force dans un fi funefte événement de détourner affez de pareils coups, pour que l'un d'eux
n'ait fait qu'enlever la partie extérieure de l'é-
paule & du bras, & que l'autre, en paffant entre
le même bras & le côté droit du corps, n'en
ait offenfé que les chairs, fans bleffer aucune
partie principale.

XX. Il eft prouvé que ce fecond miracle fut
auffi-tôt fuivi d'un troifieme, égal, & même
plus grand, dans lequel Dieu Notre-Seigneur,
par un bienfait incomparable, daigna faire fervir, dans une conjonature fi critique, le courage
héroïque & l'admirable conftance qui brillent fi

merveilleufement entre les Royales & très-au-
guftes vertus de Sa Majefté, à la confervation
de fa vie fi néceffaire à notre bonheur. Ces Royales vertus fervirent en effet d'inftrument à la
Toute-Puiffance Divine, pour nous manifefter
les prodiges de fa bonté dans ce moment fi terrible. Le Roi non-feulement fouffrit fans dire un
feul mot, & fans faire la moindre plainte, des
coups fi peu attendus & fi douloureux ; mais
Sa Majefté fit fur le champ réflexion que tous
les pas qui l'approchoient de fon Palais l'éloi-
gnoient de fon premier Chirurgien, qui demeure
à Junqueira, & que la quantité de fang qu'il
perdoit ne pouvoit lui donner le temps d'aller
jufqu'à fon Palais de Notre-Dame d'Ajuda, d'envoyer de-là chercher fon Chirurgien à Junqueira,
& de le faire venir de ce lieu à fon Palais. En
conféquence Sa Majefté prit à l'inftant la prodi-
gieufe réfolution d'ordonner à fon Poftillon de
tourner bride, & de la mener au plus vîte chez
fon Chirurgien. Dès qu'elle fut arrivée, Elle ne
voulut pas permettre qu'on vifitât fes bleffures,
qu'Elle n'eût auparavant reçu le Sacrement de
Pénitence, & rendu grace à Notre Souverain
Maître, aux pieds du Prêtre à qui Elle fe con-
feffa, du bienfait incomparable par lequel la vie
venoit de lui être confervée dans un danger fi

éminent. Après s'être acquitté de ce premier devoir, le Roi se mit entre les mains de son Chirurgien, & avec le même silence, la même tranquillité, la même constance, il souffrit toutes les opérations du pansement dont le succès fut encore un effet de la bonté Divine, qui, par ce moyen & pour notre consolation, nous a procuré la conservation de la vie si précieuse & si bienfaisante de notre Monarque. C'est ce silence héroïque de Sa Majesté, dans le temps de l'attentat commis contre sa Personne, & cette résolution que la lumiere divine lui inspira de revenir sur ses pas après ce cruel assassinat, que nous avons tout sujet de regarder comme le troisieme miracle de la Divine Toute-Puissance; puisque ce fut le moyen par lequel Sa Majesté évita les autres dangers auxquels Elle n'auroit pu échapper, si Elle eût suivi son chemin pour arriver à son Palais, vu qu'Elle n'auroit pas manqué d'y rencontrer les autres troupes des Conjurés qui s'y étoient postés en embuscade pour l'y attendre, au cas qu'Elle eût échappé aux premiers qui la guettoient.

XXI. Il est prouvé que les susdits Criminels qui s'étoient associés pour l'exécution de cet énorme & détestable complot, étoient cruellement & inhumainement endurcis, & pleinement abandonnés de la grace de Dieu. Car, d'une part, après s'être séparés par divers sentiers & routes détournées, ainsi qu'il est prouvé par les Pieces du Procès, ils se réunirent encore la même nuit dans le chemin qui passe à l'extrémité septentrionale du jardin dudit Criminel Joseph Mascarenhas; & là, bien loin de donner aucun signe de douleur & de repentir à la vue de l'horrible crime qu'ils venoient de commettre, ils se livrerent au contraire les uns & les autres à toutes sortes de bravades & d'insolences. Le Criminel Joseph Mascarenhas, ci-devant Duc d'Aveiro, se mit à frapper en furie sur le pavé avec la carabine qui n'avoit pas pris feu, lorsqu'il tira sur le Postillon de Sa Majesté Custodio da Costa, en proférant, plein de colere & de rage contre cette carabine, ces paroles infernales : *Que tous les Diables t'emportent, puisque c'est ainsi que tu me sers.* Et le Criminel François d'Assise, ci-devant Marquis de Tavora, témoignant quelque doute si Sa Majesté n'auroit pas été tuée des coups sacrileges qui avoient été tirés, le même Criminel Joseph Mascarenhas lui répondit par ces autres paroles infernales: *N'importe, s'il n'est pas mort, il mourra.* A quoi un autre des Complices ajouta d'autres discours pleins de blasphêmes & de menaces, tandis que Jofeph-Marie de Tavora, l'un des Criminels, s'informoit avec un air fort inquiet, pourquoi Jean-Michel, l'un des Complices, n'étoit pas encore arrivé. D'une autre part, ils fe raffemblerent tous le lendemain matin dans l'Hôtel dudit Criminel Jofeph Mafcarenhas, où ils tinrent avec leurs parens cette efpece de conventicule dont on a parlé ci-deffus, & continuerent à donner des marques de leur inflexible cruauté, de leur barbare défefpoir, & de la privation déplorable où ils étoient de la grace de Dieu. Les uns y blâmoient fort les Affaffins Antoine Alvarès & Jofeph-Polycarpe, de n'avoir pas tiré leurs coups, de maniere à confommer leur pernicieux deffein; les autres fe vantoient qu'ils en feroient certainement venus à bout, fi le Roi avoit paffé dans les endroits où ils s'étoient mis en embufcade pour l'attendre; les autres enfin repaiffoient leur barbarie de cette cruelle réflexion, que le Roi n'auroit affurément pas manqué de perdre la vie, s'il eût fuivi le chemin par où il a coutume de fe retirer dans fon Palais, au lieu de rétrograder, comme il avoit fait, par la chauffée d'Adjuda pour aller à Junqueira.

XXII. Il eft prouvé que, quand même on n'auroit pas pu acquérir, comme il arrive quelquefois dans des cas femblables, toutes les preu-

ves furabondantes & décifives que l'on a rap-
portées ci-deffus, & qui fe trouvent dans les
Actes qui ont vérifié, par un autre miracle évident, l'exiftence de cette horrible Conjuration
& des crimes de chacun des Coupables, il y
auroit dans cette affaire des préfomptions de
droit fuffifantes pour opérer la condamnation
des Chefs de cette même Conjuration, & leur
faire fubir toutes les peines portées par le droit,
& de plus grandes encore, s'il plaifoit à Sa Majefté de les permettre; attendu que chacune de
ces préfomptions de droit eft réputée pour vérité certaine, & pour preuve pleine & très-évidente, qui décharge de l'obligation d'en chercher aucune autre, & qui accable tellement ceux
qui ont contre eux de femblables préfomptions,
qu'elle les met dans l'obligation d'y oppofer des
preuves contraires qui aient affez d'efficace &
de force pour être décifives & convaincantes.
Or, l'affaire préfente offre, non une feule, mais
une multitude de préfomptions de droit contre
les Chefs de cette Conjuration, & fur tout contre le Criminel Jofeph Mafcarenhas, ci-devant
Duc d'Aveiro, & contre les Religieux pervertis
de la fainte Compagnie de Jefus.

XXIII. Il eft prouvé, pour confirmer ce que
l'on vient de dire, qu'en partant de cette pré-

fomption de droit que celui qui a été méchant une fois, le fera toujours, & doit être par conféquent regardé comme capable de commettre toutes les méchancetés du genre de celles' qu'il a déjà commifes, l'on ne peut difculper les perfonnes dont il s'agit; puifque l'on a la preuve, non pas d'une feule, mais d'une multitude d'injuftes entreprifes que les deux Chefs de cette Confpiration ont ci-devant machinées contre l'augufte Perfonne & le très-heureux Gouvernement du Roi, & qui font démontrées par une fuite continuelle d'actions par eux commifes dès le commencement du Regne de Sa Majefté.

XXIV. Il eft prouvé, quant à ce qui regarde lefdits Religieux Jéfuites, que dès qu'ils ont vu que la fublimité des lumieres, & l'incomparable difcernement du Roi leur ôtoit entiérement l'efpérance de conferver dans cette Cour le pouvoir defpotique qu'ils s'y étoient arrogé dans toutes les affaires; & que cependant fans ce defpotifme abfolu il leur étoit impoffible de cacher les ufurpations qu'ils avoient faites fur la Couronne Portugaife en Afrique, en Amérique & en Afie, & beaucoup moins encore de pallier la guerre déclarée, qu'ils ont allumée au Nord & au Midi des Etats du Bréfil, ils fe font livrés auffi-tôt à tramer les intrigues & à forger les

fuggeſtions les plus calomnieuſes & les plus déteſtables, contre la haute réputation de Sa Majeſté,
& le repos public de ces Royaumes, dans le
deſſein d'aliéner de la Perſonne & du Service
du Roi, les eſprits de ſes Sujets, & de lui ſuſ-
citer des ennemis dans les Pays étrangers. A quoi
ils ont ajouté à diverſes repriſes d'exécrables projets, tendant à exciter des ſéditions dans l'intérieur même de cette Capitale & dans le Royaume, & d'attirer ſur ce même Royaume & ſur les
Sujets de Sa Majeſté le fléau de la guerre. Ce qui
oblige néceſſairement de conclure que les ſuſdits
Religieux étant convaincus d'avoir commis tous
ces crimes contre le Roi notre Seigneur, &
contre ſes Royaumes, il eſt indiſpenſable de leur
faire l'application de cette regle & préſomption
de droit : *Semel malus, ſemper præſumitur malus
in eodem genere mali*, dont la conſéquence indu-
bitable ſeroit, quand il n'y en auroit pas d'autres
preuves, que ce ſont eux qui ont machiné l'attentat dont il s'agit, tant qu'ils ne démontreront
pas, par des preuves concluantes, que d'autres
qu'eux en ont été les auteurs.

XXV. Ce qui appuie encore davantage ce
que l'on vient de dire, c'eſt cette autre préſomption de droit, qu'un grand crime ne ſe commet pas ſans un grand intérêt. L'effet de cette

préfomption eft que lorfque quelqu'un fe trouve avoir intérêt à un crime, on doit préfumer que c'eft lui qui l'a commis, à moins qu'il ne prouve évidemment qu'un autre que lui en eft l'auteur. Or, les fufdits Religieux ayant tous ces grands intérêts qu'on vient d'expofer, & qui fe font encore manifeftés par leurs propres actions; ayant, difons-nous, ces grands intérêts à cette Conjuration, dont l'objet étoit de faire ceffer la vie de Sa Majefté, & fon très-heureux Gouvernement, la préfomption de droit que l'on vient d'alléguer, quand elle feroit feule, pourroit fervir de preuve très-évidente & conforme au droit, que lefdits Religieux ont été les auteurs de cet exécrable forfait; fur-tout fi l'on confidere que l'ambition qu'ils ont eue d'ufurper les Domaines de ces Royaumes, peut feule avoir quelque proportion & parité, avec l attentat malheureufement commis la nuit du 3 Septembre dernier.

XXVI. Une chofe confirme encore, d'une maniere plus fenfible, les preuves qui fe trouvent contre ces Religieux dans les Actes du Procès, & celles qui réfultent auffi contr'eux des préfomptions de droit que l'on a expofées ci-deffus, & donne à toutes ces preuves une force invincible, c'eft le contfafte frappant qu'ils ont mis dans leur conduite. D'une part, dès le moment où le

Roi rompit & déconcerta tous les mauvais deffeins de ces Religieux, en deftituant de leur
Emplôi ceux qui étoient Confeffeurs de la Famille Royale, & en interdifant à tous les autres
Religieux de la même Compagnie l'entrée de
fa Cour, on les vit, au lieu de s'humilier comme
ils l'auroient dû en s'appercevant combien l'on
étoit défabufé, faire tellement tout le contraire,
que publiquement & infolemment ils affecterent
un accroiffement d'orgueil & d'arrogance. Ils
fe vantoient ouvertement que plus la Cour s'é-
garoit en les rejetant, plus la Nobleffe s'uniffoit
à eux. Ils menaçoient la Cour avec une égale
publicité des punitions de Dieu, & pour en
venir à leurs fins, ils débitoient en perfonne &
par leurs adhérens jufqu'à la fin du mois d'Août
dernier, que la vie de Sa Majefté ne feroit pas
de longue durée; & prefque à chaque Courrier
ils donnoient avis dans tous les Pays de l'Europe
que le mois de Septembre feroit le dernier de
cette augufte & très-précieufe vie. En même-
temps Gabriël Malagrida écrivoit à différentes
perfonnes de cette Capitale, ces affreufes prédictions avec un ton de Prophete. Mais, d'une
autre part, dès qu'ils virent les Coupables de
l'horrible Conjuration, arrétés dans la matinée
du 13 Décembre dernier, ces Religieux chan-

gerent auffi-tôt de conduite & de ton. Dès le 19 Décembre, le Provincial Jean Henriquès & quelques autres Jéfuites, qui auparavant mandoient par-tout ces bravades, ces infolences & ces prophéties de punitions & de mort, firent partir pour Rome des Lettres remplies des expreffions les plus humbles, & qui prouvoient leur extrême abattement. Ils y donnoient avis que l'on avoit arrêté les Marquis de Tavora & d'A-Jorna, le Comte d'Atonguia, Emmanuel de Tavora, le Duc d'Aveiro & autres, pour l'attentat du 3 Septembre dernier ; que les Maifons de leur Société étoient invefties de Soldats ; qu'ils avoient un extrême befoin que leurs Peres de Rome les recommandaffent à Dieu ; qu'ils ne pouvoient éviter ce qu'ils craignoient ; que toute leur Communauté étoit au comble de l'affliction, & qu'ils recouroient tous aux Exercices du Pere Malagrida ; que tout le monde vouloit qu'ils fuffent Complices de l'attentat du 3 Septembre, & prononçoit contre eux des condamnations de prifon, de fupplices & d'une entiere expulfion de la Capitale & du Royaume ; qu'ils fe trouvoient livrés aux plus cruelles angoiffes, & à la calamité la plus extrême, plongés dans la douleur, & faifis d'épouvante, fans aucune confolation, fans aucune efpérance, &c.

En comparant, comme il eſt facile de le faire, deux manieres auſſi différentes de s'exprimer & d'écrire, & deux langages auſſi oppoſés que celui qu'ils tenoient avant l'attentat, & celui qu'ils ont tenu depuis la découverte de la Conjuration, il réſulte de ce contraſte la démonſtration la plus claire & la plus évidente. Elle force indiſpenſablement de conclure qu'avant l'attentat ils étoient pleins de confiance dans la Conjuration qui s'eſt terminée à cet horrible crime, & d'eſpérance qu'elle produiroit ſon pernicieux effet; & c'eſt ce qui leur inſpiroit ces diſcours & ces Lettres ſi remplies d'orgueil & d'arrogance, c'eſt ce qui leur faiſoit prendre le ton de Prophete, & débiter tant de funeſtes & ſacrileges prédictions. Mais dès que les ordres donnés le 13 Décembre dernier pour arrêter les Conjurés leur eurent fait voir qu'ils étoient découverts, que ceux qui avoient trempé avec eux dans la Conjuration étoient perdus, & qu'eux-mêmes ne pouvoient éviter les châtimens qu'ils méritoient, toute cette intrigue chimérique, ce vain édifice de ſuperbe & d'inſolence tomba néceſſairement; & du comble de l'audace ces Peres paſſerent à cet abattement qu'entraîne après elle la conviction du crime, & l'impuiſſance de trouver des moyens pour le couvrir, & ſoutenir hypo criſie avec laquelle on l'a commis.

XXVII. Il eſt prouvé, quant à ce qui concerne l'autre Chef de la même Conjuration, Dom Joſeph Maſcarenhas, ci-devant Duc d'Aveiro, qu'il ſe trouveroit auſſi dans le cas d'être condamé par la ſeule conviction qu'opéreroient contre lui les preuves complettes qui réſultent des mêmes préſomptions de droit, quand même il n'y auroit rien de plus à lui objecter. Tout le poids de la premiere deſdites préſomptions qui eſt relative à la méchanceté & à la conduite de ce même Criminel retomberoit ſur lui, puiſqu'il eſt notoire qu'avant la mort du Roi Jean V de glorieuſe mémoire, comme dans le temps que mourut cet auguſte Monarque, & auſſi-tôt après ſon décès & juſqu'à ce jour, ce Criminel eſt convaincu d'avoir ourdi une infinité d'intrigues & de cabales, dont il a rempli la Cour du Roi notre Seigneur. dans le deſſein de ſurprendre & de croiſer les réſolutions de Sa Majeſté, tant dans les Tribunaux que dans le Conſeil, par le moyen des Miniſtres & autres perſonnes de la faction de ſon oncle, le Pere Gaſpard de l'Incarnation, & de la ſienne propre, afin que la vérité ne pût parvenir à la connoiſſance du Roi, & que Sa Majeſté ne pût s'arrêter à aucune déciſion qui ne fût obreptice, ſubreptice,

& appuyée fur de faux avis & des Mémoires captieux. La feconde defdites préfomptions n'eft pas moins décifive contre lui, parce que les puiffans motifs & les grands intérêts qui ont pu le porter à commettre fon crime exécrable, ne font, comme on l'a fait voir, que trop manifeftes & trop évidemment prouvés par les Actes du Procès. Et pour achever de fe convaincre par les propres actions de ce Criminel, de la part qu'il a eue au monftrueux attentat dont il s'agit, il fuffit de lui appliquer la remarque que nous avons faite plus haut fur le contrafte qui s'eft trouvé dans la conduite des Religieux Jéfuites. En effet, il eft certain d'une part, qu'avant ledit attentat la fuperbe & l'arrogance de ce Criminel étoient auffi outrées & auffi fcandaleufes que celles de ces Peres, comme tout le monde le fait; & d'autre part, il eft également certain que cet exécrable attentat n'ayant pas produit l'horrible effet que fes auteurs en avoient attendu, & la convalefcence du Roi faifant d'heureux progrès, à cette fuperbe & à cette arrogance ont fuccédé un tel abattement & une telle confternation, que ledit Criminel n'ayant plus l'affurance de paroître à la Cour, s'en eft retiré plein de confufion & de frayeur, pour fe réfugier dans sa maison d'Aceitao, où il a été arrêté, après avoir d'abord essayé de se sauver, & fait ensuite une folle résistance.

XXVIII. Il est enfin prouvé que les mêmes principes ont toute leur force contre Donna Eléonor de Tavora, ci-devant Marquise de ce nom, & troisieme Chef de cette infame Conjuration. Il est notoire, d'une part, que son esprit de superbe diabolique, d'ambition insatiable, & d'orgueil téméraire & intrépide, au-delà de ce qu'on a vu jusqu'à présent dans toutes les personnes de son sexe, peut & doit la faire soupçonner avec raison, capable des plus grands crimes, & en particulier de celui dont il s'agit. Il est également notoire qu'étant excitée par ces aveugles & très-ardentes passions, elle a eu l'audace de représenter avec son mari, au Roi notre Souverain, qu'il devoit le faire Duc pour les services qu'ils avoient rendus à l'Etat, bien que ces services fort peu importans eussent été amplement récompensés par Sa Majesté dès l'année 1749, lorsqu'elle envoya dans l'Inde ces deux Criminels. Cette prétention étoit d'autant plus étrange, qu'il n'y avoit aucun exemple dans les Chancelleries de ce Royaume qu'aucune personne eût jamais obtenu le titre de Duc en récompense de services bien plus considérables,

tels que ceux qu'ont rendus à la Couronne &
à la Nation les grands Hommes qui ont illuſtré
l'Hiſtoire Portugaiſe par leurs exploits. Il eſt encore notoire que ces deux Criminels, ſans diſ-
crétion & ſans pudeur, n'ont ceſſé de perſécuter
le Secrétaire d'Etat des Affaires du Royaume,
pour leur délivrer cette Patente qu'ils ſollici-
toient avec autant de hauteur & de vivacité,
que ſi c'étoit une dette de juſtice, quoiqu'elle
ne fût pas même compriſe au nombre des graces qu'on peut réguliérement demander. Il eſt
encore également certain que ce même Secrétaire d'Etat fut obligé pour modérer leurs vives
inſtances & les reproches que lui attiroit ſon juſte
refus, de faire comprendre avec autant de poli-
teſſe que de décence à ces mêmes Criminels, que
leur prétention n'avoit pas d'exemple qui pût
l'autoriſer. Ce fut pour avoir été ainſi fruſtée de
ſa demande, & déſabuſée en dépit de ſa paſſion
& de ſon intérêt, que ladite Marquiſe Donna
Eléonor alla ſe réconcilier avec le Duc d'Aveiro,
& ſe mit au nombre des Chefs de la barbare
Conjuration, dont il avoit formé le projet, afin
d'obtenir par la faveur de ce même Duc, après
le renverſement de la Couronne & de la Monarchie, le titre de Ducheſſe, par lequel elle
avoit une ſi grande envie de s'égaler à ce Duc

ſon

son beau-frere. Il est enfin également notoire que cette superbe, cette ambition & cet orgueil qui avoient tant éclaté jusqu'à la funeste époque de l'horrible attentat du 3 Septembre dernier, firent place au découragement, & se changerent après cet attentat en une confusion & un abattement manifeste.

XXIX. Vu tout ce que dessus, avec le surplus des Actes & Pieces, & la résolution prise par Sa Majesté en ce Conseil & Tribunal, de lui donner la jurisdiction & autorité nécessaires pour infliger à ces infames & sacrileges Coupables des peines proportionnées, autant que faire se peut, à leurs crimes exécrables & scandaleux:

Nous avons condamné le Criminel Joseph Mascarenhas, déjà dénaturalisé & privé des honneurs & privileges de Portugais, Vassal & Sujet du Roi, dégradé de l'Ordre de Saint-Jacques dont il étoit ci-devant Commandeur, & renvoyé à ce Tribunal & à la Justice séculiere qui s'y exerce, à être, comme l'un des trois Chefs principaux de cette infame Conjuration & de l'abominable attentat qui en a été l'effet, mené la corde au cou, précédé d'un Crieur public, à la place de *Caës* du lieu de Bélem, où, sur un échafaud qui y sera dressé & élevé, de maniere que son châtiment puisse être vu de tout le Peuple qu'il a tant offenfé & fcandalifé par fon crime exécrable, il fera rompu vif, & aura les bras & les jambes caffées ; après quoi il fera mis fur une roue, pour la fatisfaction des Sujets préfens & à venir de ce Royaume ; & après cette exécution, il fera brûlé vif, avec l'échafaud fur lequel il aura été jufticié, jufqu'à ce que le tout foit réduit en cendres, qui feront jetées dans la mer, afin que de lui & de fa mémoire il ne refte aucune trace ni connoiffance. Et, quoique pour fes crimes de rebellion, de fédition, de haute trahifon & de parricide, il ait déjà été condamné, par le Tribunal des Ordres, à la confifcation & perte de tous fes biens, au profit du Tréfor & de la Chambre Royale, comme il fe pratique en cas femblables de crimes de leze-majefté au premier chef, cependant, attendu qu'un crime auffi inopiné, auffi extraordinaire & auffi horrible que celui dont il s'agit, n'a point été prévu par les Loix, qui en conféquence n'ont rien prononcé à cet égard, & n'ont ftatué aucune peine qui foit proportionnée à fon incroyable énormité ; à raifon de quoi Sa Majefté a été fuppliée par ce Confeil & Tribunal, à l'avis duquel Elle a daigné fe conformer, de lui accorder une plénitude de jurifdiction qui lui donne pouvoir d'ordonner toutes les peines qu'à la pluralité des

voix il jugera convenables, outre celles qui sont
portées par les Loix & dispositions de droit : Et
encore, attendu qu'il est très-conforme au droit
de prendre tous les moyens possibles pour noircir & effacer de la mémoire des hommes le nom
& le souvenir d'aussi énormes Criminels ; Nous
avons ordonné, conformément aux peines du
droit commun, que toutes les armoiries & écus-
sons de ce même Criminel Joseph Mascarenhas, soient abattus & mis en pieces, en quelques lieux qu'ils se trouvent placés ; que ses Hô-
tels, maisons & autres lieux d'habitation, soient
démolis & rasés, de maniere qu'il n'en reste
aucun vestige, & qu'ils soient réduits en champs
qui seront semés de sel. Nous avons encore
ordonné que tous les biens, libres ou substitués,
par lui possédés, & dont il jouissoit, en quelque
lieu qu'ils soient situés, & qui proviennent de
la Couronne, de quelque maniere & à quelque
titre que ce soit, même ceux qui auroient été
compris dans les donations faites à la Maison
d'Aveiro, & autres semblables, soient confis-
qués, réunis & incorporés de droit & de fait à
la Couronne, de laquelle ils ont été détachés ;
& ce nonobstant l'Ordonnance du *Liv. 5, tit.*
6, S. 15, & toutes autres dispositions de droit,
clauses & conditions d'institutions & donations,

quelque abfolues & irritantes qu'elles puiffent
être : à l'effet de quoi, Sa Majeflé fera très-
humblement fuppliée dé caffer & annuller lefdits titres, & d'ordonner qu'ils foient tirés de
la Tour de Tombo [1], & de tous autres dé-
pôts où ils pourroient fe trouver, afin que l'on
ne puiffe plus en extraire aucune copie, ni même
produire en Jugement ou hors d'icelui, des copies qui en feroient déjà extraites, & qui pourroient fe trouver dans les mains des particuliers,
auxquelles copies ne fera ajoutée foi ni valeur
aucune, à l'effet d'être alléguées, citées & pro-
duites en aucun Tribunal ou Jugement ; & qu'au
contraire, auffi-tôt qu'on les voudroit faire paroître, elles foient faifies, féqueftrées & remifes
entre les mains du Procureur de la Couronne,
pour être biffées & lacérées, comme nulles &
incapables de produire aucun effet. Nous avons
en outre ordonné, en ce qui concerne les biens
féodaux, de quelque nature qu'ils foient, qu'ils
foient vendus au profit du Domaine de la Couronne, felon ce qui a été établi fur ce fujet,
par l'Ordonnance du *Liv. V, tit.* 1. §. 1 ; &
quant à ce qui regarde les Majorats, ou biens de

---

[1] C'eft dans cette Tour que font placées les Archives
de la Couronne.

ſubſtitution perpétuelle, formés des biens patrimoniaux de ceux qui les ont fondés, il eſt ordonné que l'on obſervera, au profit de ceux qui
doivent y ſuccéder, ce qui eſt déterminé par
l'Ordonnance du *Liv. V. tit. 6*, §. 15.

Nous avons condamné aux mêmes peines le
Criminel Francois d'Aſſiſe de Tavora, auſſi Chef
de la même Conjuration, dans laquelle il a été
engagé par ſa femme, & qui a déjà été pareille-
ment dénaturaliſé, dégradé, & renvoyé par le
Tribunal des Ordres à ce Conſeil, & à la Juſtice
ſéculiere qui s'y exerce. Et conſidérant avec
toute la réflexion & la circonſpection indiſpenſablement requiſes en pareil cas, que non-ſeulement ledit Coupable & ſa criminelle épouſe
ſe ſont perſonnellement faits Chefs de cette infame Conjuration, trahiſon & parricide, mais
encore qu'ils ont rendu toute leur famille complices de ces crimes énormes, en y aſſociant la
plus grande partie de cette même famille, &
ſe vantant, avec une folle & inſolente vanité,
que l'union d'icelle leur ſuffiſoit pour venir à
bout de cet horrible entrepriſe: Nous avons ordonné qu'à compter du jour de la publication
de ces préſentes, aucune perſonne, de quelque
état & condition qu'elle ſoit, ne puiſſe jamais
porter le nom de *Tavora*, ſous peine de con-

fifcation de tous fes biens, au profit du Tréfor & de la Chambre Royale, d'être déclaré Etrangers aux Royaumes & Etats de Portugal, & de perdre tous les privileges qui lui auroient appartenu en qualité de Citoyen naturel des mêmes Royaumes.

Quant aux deux monftres féroces, Antoine Alvarès Ferreira, & Jofeph Polycarpe d'Azévédo, qui ont tiré les facrileges coups dont Sa Majefté a été bleffée, Nous avons ordonné qu'ils feroient conduits, la corde au cou, & précédés d'un Crieur public, à la même place de *Caës*, dans laquelle Nous les avons condamnés à être attachés à deux poteaux élevés, autour defquels on allumera un feu qui les confumera tout vifs, jufqu'à ce que leurs corps foient réduits en cendres, qui feront jetées dans la mer, en la forme fufdite. En outre, Nous prononçons qu'ils ont encouru les peines de confifcation de tous leurs biens, au profit du Tréfor & de la Chambre Royale, de démolition des maifons où ils demeuroient, & qui feront rafées fi elles leur appartiennent, auquel cas il fera femblablement femé du fel fur la place où elles étoient. Et parce que le Criminel Jofeph-Polycarpe eft fugitif, Nous le déclarons banni, & Nous enjoignons à tous les Officiers de Juftice de Sa Ma-

jefté de convoquer contre lui tous leurs Jufti-
ciables pour le prendre, fi faire fe peut, & par
quelques moyens que ce foit, finon pour le
tuer, ce qui fera permis à tous, fans avoir contre lui aucune haine perfonnelle; & au cas qu'é-
tant arrêté dans les Terres & Domaines de ce
Royaume, il foit repréfenté au Confeiller du
Roi [*Defembargador do Paço*] Pedro Gonfalves
Cordeiro Pereira, Juge de l'Inconfidence, celui-ci fera compter fur le champ à la perfonne
ou aux perfonnes qui repréfenteront le fufdit
fugitif, la fomme de 10,000 cruzades, & celle
de 20,000, au cas qu'il foit pris en Pays étranger, & le tout fans préjudice de leurs frais de
voyage, qui leur feront auffi remboursés.

Nous condamnons les Criminels Louis-Bernard de Tavora, D. Jérôme d'Ataïde, Jofeph-
Marie de Tavora, Braz-Jofeph Romeiro, Jean
Michel & Manuel Alvarès, à être menés, la
corde au cou, & précédés d'un crieur public,
à l'échafaud qui fera dreffé pour ces exécutions;
fur lequel, après avoir été étranglés, ils auront
les bras & les jambes rompus, après quoi ils feront mis fur des roues, leurs corps brûlés, &
leurs cendres jetées dans la mer en la forme
fufdite. Nous les condamnons en outre à la
confifcation & perte de tous leurs biens, au

profit du Tréfor & de la Chambre Royale, encore que lefdits biens fuffent des fubftitutions
provenantes des biens de la Couronne, en la
maniere ci-deffus déclarée, & même féodaux de
leur nature, & déclarons que leurs enfans & pe-
tits-enfans ont encouru l'infamie. Nous ordonnons encore que les maifons où ils demeuroient
feront démolies, rafées, & leurs places femées
de fel, fi elles leur appartiennent; & que toutes
les armoiries & écuffons de ceux d'entr'eux qui
en ont eu jufqu'ici, feront abattus & mis en
pieces.

Et quant à la Criminelle Donna Eléonor de
Tavora, femme du Criminel François d'Affife
de Tavora, pour aucunes juftes confidérations
qui l'ont fait décharger des peines plus graves
que méritoit l'énormité de fes crimes, Nous
l'avons feulement condamnée à être mênée, la
corde au cou, & précédée d'un Crieur public,
fur le fufdit échafaud, où elle fubira la peine de
mort, par la féparation de la tête d'avec fon
corps, lequel fera enfuite brûlé, & les cendres
jetées dans la mer, en la forme fufdite. Avons
en outre condamné la même Criminelle à la
confifcation de tous fes biens, au profit du Tréfor & de la Chambre Royale, dans laquelle
confifcation feront compris ceux qui provien-

nent de la Couronne, par engagement ou autre-ment, & ceux qui font de nature de fiefs, & à toutes les autres peines qui ont été ordonnées pour l'extinction de la mémoire des Criminels Joſeph Maſcarenhas, & François d'Aſſiſe de Tavora.

Fait au Palais de Notre-Dame d'Ajuda, le 12 Janvier 1759.

Signé par les trois Secrétaires d'Etat Préſidens.

CORDEIRO, PACHECO, BACCALHAO, LEINA, SONTO, OLIVEIRA, MACHADO.

Fut préſent, & a ſigné le Procureur de la Couronne.

SENTENCE

DU TRIBUNAL DES ORDRES MILITAIRES,

Qui dégrade & livre au bras féculier ceux des Auteurs & Complices de l'attentat du 3 Septembre, qui étoient Commandeurs & Chevaliers defdits Ordres.

Vu les Actes du Procès, les Lettres Patentes de Sa Majefté, & les ordres qu'Elle y donne, comme Roi & comme Grand-Maître, en vertu defquels ces Actes ont été remis à ce Tribunal compétent pour juger les caufes criminelles des Chevaliers & Commandeurs des Ordres Militaires, même dans les cas de crimes de leze-majefté, de haute trahifon & de rebellion contre la Perfonne du Roi & contre l'Etat, conformément à la Bulle de Notre Saint Pere le Pape Grégoire XIII, qui donne au Tribunal de Confcience & des Ordres, pleine & entiere jurifdiction, pour prononcer fur les crimes ci-deffus nommés, & condamner ceux qui en feront atteints, tant aux peines portées par les

Loix, qu'à celles d'expulſion & de dégradation
deſdits Ordres: les accuſations formées dans ce
Tribunal, par le Promoteur Fiſcal des Ordres,
nommé à cet effet, contre **D. Joſeph Maſcarenhas, Duc d'Aveiro,** Commandeur de l'Ordre
de Saint-Jacques; **François d'Aſſiſe de Tavora,**
Marquis de Tavora, **D. Jérôme d'Ataïde,** Comte
d'Atonguia, Commandeurs de l'Ordre de Chriſt;
& **Joſeph-Emmanuel de Sylva Bandeira,** Chevalier du même Ordre; leſquelles accuſations,
attendu l'énormité des crimes qui en ſont l'objet,
les preuves évidentes de ces crimes, & leur
manifeſte publicité, ont été rédigées ſommaire-
ment ſelon la forme de l'Ordonnance, & la
teneur des ordres dudit Seigneur Roi; la fixa-
tion faite aux Accuſés du terme péremptoire de
vingt-quatre heures, pour fournir leurs défenſes *de jure & faƈto*, par le moyen du Procureur
qui leur a été nommé à cet effet; la citation
perſonnelle des Accuſés; la communication faite
à leur Procureur deſdits Aƈtes, afin que, dans
le terme ſuſdit de vingt-quatre heures, il dé-
duiſît & alléguât, comme en effet il a déduit
& allégué tout ce qui lui a paru & qu'il a ſuppoſé
pouvoir ſervir à la défenſe de ſes Parties, dans
ce qui regarde leſdites accuſations: le contenu
deſdits Aƈtes, deſquels il réſulte que les ſuſdits

Accufés font originaires, natifs & habitans de ce Royaume, & par-là Sujets & Vaffaux de Sa Majefté, raifon qui fuffiroit feule pour rendre leur crime à jamais exécrable : que de plus, le Criminel Jofeph Mafcarenhas étant Grand-Maître de la Maifon de Sa Majefté, & en cette qualité, attaché plus immédiatement au fervice de fa Royale Perfonne ; le Criminel François d'Affife de Tavora, Général & Infpecteur de toute la Cavalerie du Royaume, & Membre du Confeil de Guerre ; le Criminel Dom Jérôme d'Ataïde, Officier des Gardes du Corps de Sa Majefté ; ce triple titre de Vaffaux, de familiers intimes, & d'Officiers de confiance, leur impofoit une obligation plus indifpenfable de ne jamais s'écarter de l'inviolable fidélité qu'ils devoient à leur Souverain ; obligation devenue plus étroite encore & plus facrée, par les bienfaits fans nombre qu'ils avoient reçus de la bonté & de la Royale munificence de Sa Majefté : que néanmoins lefdits Criminels, foulant aux pieds toute crainte de Dieu, & tout refpect pour les Loix divines & humaines, au lieu de la reconnoiffance qu'exigeoient d'eux les graces fignalées dont ils avoient été comblés, femblables aux bêtes féroces, ne les ont payées que de coupables rebellions, de trahifons horribles, & d'une

ingratitude jufqu'alors fans exemple ; que s'u-
niffant dans une déteftable conjuration avec
d'autres perfonnes non moins abominables &
perverfes, ils ont confpiré d'un commun accord
contre la très-précieufe vie de Sa Majefté, qu'ils
ne fe font pas contentés de former cet infernal
complot, mais qu'ils ont porté leur facrilege &
exécrable audace, jufqu'à l'exécuter par le monftrueux attentat, commis par eux, contre la
Royale Perfonne de Sa Majefté, dans la nuit
du 3 Septembre de l'année derniere; que dans
cet attentat, ils ont, de deffein prémédité, &
enfuite d'une confédération dirigée à cet unique fin, tiré contre Sa Majefté ces téméraires
coups de carabine qui, tant dans la chaife qui
tranfportoit le Roi de la maifon *do Meyo* à celle
de *Cima*, que dans les habits dont étoit vêtue
Sa Majefté, & fur fa Royale Perfonne, ont caufé
l'extrême défordre & les dangereufes bleffures
qui font énoncées dans le Procès-verbal dreffé
pour conftater le corps du délit; qu'en conféquence de cette conjuration & confédération,
& de l'atrocité de l'exécrable attentat qui en a
été l'effet, lefdits Criminels font évidemment
coupables des crimes horribles de parricide, de
haute trahifon & de rebellion, contre le Roi
leur Seigneur, & comme Souverain & comme

Grand Maître, contre fes Etats, contre la Patrie
où ils font nés, & contre les Ordres Militaires du
Royaume où ils ont fait profeſſion.

Tout mûrement examiné, & attendu la notoriété defdits crimes de leze-majeſté au premier
chef dont lefdits Accufés fe trouvent convaincus ; favoir, le Criminel Dom Joſeph Maſcarenhas, tant par fes propres aveux pluſieurs fois
réitérés & confirmés juridiquement, que par
les dépoſitions unanimes d'un grand nombre de
témoins oculaires, lefquelles fuffiroient feules
pour les faire condamner, quand même il s'agiroit d'un autre délit dont la preuve feroit moins
privilégiée ; & les Criminels François d'Aſſiſe de
Tavora, & Jérôme d'Ataïde, malgré leur obſti-
nation à nier qu'ils foient Complices du même
attentat, par une multitude de preuves & de té-
moignages inconteſtables qui fourniroient dans
tous les cas une démonſtration complette, &
tels que les Loix l'exigent ; que non-feulement
lefdits Criminels font entrés dans la conſpiration & confédération ci-deſſus mentionnée, à
l'effet de commettre ce déteſtable & facrilege
parricide, mais encore qu'ils ont été préfens à fon
exécution, & qu'ils y ont encouru de leurs foins
& perfonnes ; Nous déclarons les fufdits trois
Criminels, atteints & convaincus du crime de

leze-majesté au premier chef, de haute trahison, de rébellion & de parricide, contre leur Roi
& Seigneur légitime & naturel, contre leur
Grand-Maître, & contre leur Patrie; Nous les
jugeons & réputons exclus des Ordres où ils
avoient fait profession, les privons des habits,
Privileges, Commanderies & Bénéfices desdits
Ordres; les condamnons en outre à la confiscation de tous leurs biens, au profit du Trésor
& de la Chambre Royale, & déclarons qu'ils ont
encouru les autres peines prononcées par les
Loix, contre de semblables crimes : En conséquence, Nous les dégradons & les livrons au
Bras & Justice séculiere, & les condamnons
aux dépens.

Et quant à ce qui regarde l'autre Accusé, le
Chevalier Joseph-Emmanuel de Sylva Bandeira,
ci-devant Ecuyer du Criminel Dom Joseph
Mascarenhas, vu qu'il n'y a pas contre lui de
preuves suffisantes du crime dont il est accusé,
de n'avoir pas, après l'attentat du 3 Septembre
dernier, dénoncé quelques-uns des Coupables
dont il avoit connoissance, Nous le condamnons
à un exil perpétuel dans le Royaume d'Angola,
à la confiscation de tous ses biens, au profit
du Trésor & de la Chambre Royale, & aux dépens.

FAIT au Palais de Notre-Dame d'Adjuda, dans le Tribunal des Ordres Militaires, le 11 Janvier 1759.

Signé par les trois Secrétaires d'Etat, qui conformément aux Lettres-Patentes que Sa Majesté a fait expédier, & comme Roi & comme Grand-Maître, ont présidé à ce Jugement, en qualité de Commandeurs, Chevaliers & Membres desdits Ordres.

CORDEIRO, BACCALHAO, SONTO, BARBOSA, LEINA, OLIVEIRA, MACHADO.

Fut présent & a signé le Promoteur-Fiscal des Ordres.

SENTENCE

SENTENCE

DE DÉNATURALISATION,

Prononcée par le Tribunal suprême de l'Inconfidence, avant le Jugement définitif.

Sur les justes & pressantes représentations faites à Sa Majesté par le Juge du Peuple, & le Conseil des Vingt-quatre de la fidelle ville de Lisbonne, par lesquelles, attendu l'atrocité inouie jusqu'alors en Portugal, de l'exécrable attentat, commis dans la nuit du 3 Septembre de l'année derniere, contre sa Royale Personne, Sa Majesté est humblement suppliée de daigner retrancher de la société civile de ses fidelles Vassaux tous ceux qui seroient convaincus de cet énorme sacrilege, & ordonner, avant toute autre décision ultérieure, qu'ils soient dénaturalisés & déclarés Etrangers, Vagabonds, & n'appartenant en rien au Peuple de ladite Ville de Lisbonne ; ce Peuple fidele ne pouvant voir, sans une xtrême déplaisir, donner encore le nom de Portugais à quiconque non-seulement se seroit écarté de la

soumission & de l'obéissance due à son Roi &
Seigneur naturel, mais encore n'auroit pas té-
moigné d'une maniere spéciale la vive recon-
noissance que doivent à Sa Majesté tous ses Sujets & Vassaux, pour les bienfaits innombrables
dont Elle n'a cessé de les combler; bienfaits fort
au-dessus de tous ceux que les autres Souverains
ont pu accorder jusqu'à présent à leurs Sujets.

Nous Conseillers & Juges de Sa Majesté
Très-Fidelle, Nous jugeons & réputons dénaturalisés tous les Auteurs & Complices de cet
exécrable attentat, énoncés dans la Relation
ci-jointe; Nous les déclarons Etrangers, Vagabonds, & n'appartenant à aucune société civile, & comme tels, privés du nom de Portugais,
& ensemble de tous les Privileges & honneurs
dont ils ont joui sans en être dignes, en qualité de
Natifs & Habitans de ce Royaume: Nous ordonnons qu'ils soient déclarés & tenus pour tels,
c'est-à-dire, Vagabonds & retranchés de toute
société civile. A l'effet de quoi, il sera incessam-
ment envoyé copie de cette Sentence au Parlement & au Conseil de Ville de Lisbonne, pour
en faire part au Conseil des Vingt-quatre, & la
transcrire sur les Registres desdits Parlement &
Conseil de Ville, & par-tout où besoin sera, afin
que le contenu d'icelle soit public & notoire,

non-seulement au Peuple de ladite Ville de Lisbonne, mais encore à tous les Habitans de ces
Royaumes & Domaines.

Fait au Palais de Notre-Dame d'Ajuda le
12 Janvier 1759.

Signé par les trois Secrétaires d'Etat Présidens.

Cordeiro, Pachéco, Baccalhao, Leina,
Sonto, Oliveira, Machado.

Fut présent & a signé le Procureur de la Couronne.

L E T T R E

DU ROI TRÉS-FIDELLE

A L'ARCHÊVEQUE PRIMAT DE BRAGUE.

RÉVÉRENDISSIME Pere en Jefus-Chrift, Archevêque Primat de Brague, notre frere bien-aimé (1), NOUS LE ROI, vous faluons & vous fouhaitons toute forte de profpérités.

Par les deux Copies ci-inclufes, fignées de Sébaftien-Jofeph de Carvalho & Mello, de notre Confeil, & Secrétaire d'Etat des Affaires du Royaume, & auxquelles doit être ajoutée la même foi qu'aux originaux dont elles ont été tirées, vous ferez inftruit de la Sentence rendue le 12 de ce préfent mois de Janvier, par le Tribunal de l'Inconfidence, contre les Coupables de l'horrible & facrilege attentat, commis contre notre Perfonne Royale, la nuit du 3 Septembre de l'année derniere. Vous apprendrez auffi les ordres que Nous avons donnés à ce

____

(1) L'Infant Dom Gafpard, Archevêque de Brague, étoit frere naturel du Roi Jofeph I.

sujet, & dont Nous avons confié l'exécution au Docteur François-Joseph de Serra Craesbeck de Carvalho, Chancelier du Tribunal de la Relation (du Parlement) de Porto , & qui y fait les fonctions de Président. Notre unique objet dans ces ordres, a été de mettre un frein aux excès des Religieux de la Compagnie de Jesus, dont le régime entiérement dégénéré de son premier Institut, s'est fait non-seulement Complice, mais encore le Chef principal des crimes atroces de leze-Majesté au premier chef, de haute trahison & de parricide, mentionnés & condamnés dans la susdite Sentence. Pour venir à bout de leurs détestables projets, ces Religieux sont allés jusqu'à abuser des fonctions saintes de leur ministere, & corrompre les consciences des Criminels exécutés pour ces mêmes forfaits. Ils ont fait servir à cette fin abominable les exécrables moyens qu'ils ont employés tant de fois dans des cas semblables ; tels que de répandre, de persuader, à l'aide de cet abus qu'ils faisoient de leur saint ministere, les mêmes erreurs machiavéliques, la même Doctrine empoisonnée, les mêmes maximes anti-évangéliques qui , comme hérétiques, impies, séditieuses, destructives de la charité chrétienne, de la société civile, &

de la tranquillité publique des Etats, ont été
folemnellement condamnées, anathématifées &
profcrites par l'Eglife, principalement par les
Souverains Pontifes, Alexandre VII & Inno-
cent XI. Parmi ces déteftables erreurs, ainfi réprouvées par le Saint Siege Apoftolique, les
mêmes Religieux fe font attachés fur-tout à
fuggérer & réduire en pratique celles qui font
détaillées dans l'Edit que vous trouverez ci-in-
clus. Et comme il réfulte clairement, & de l'é-
vidence des preuves, fur lefquelles eft fondée la
Sentence du 12 Janvier, & de plufieurs autres
faits qui font parvenus à notre connoiffance &
que nous ne pouvons révoquer en doute, que
le but principal que fe propofoient les fufdits
Religieux dans leurs fecrettes machinations, étoit
d'infecter du poifon de leur pernicieufe Doctrine
non-feulement la Cour, mais encore toutes les
Provinces du Royaume, de furprendre la pieufe
crédulité des Fideles, de les aliéner par leurs fu-
neftes & imperceptibles fuggeftions de leurs premiers devoirs de Chrétiens & de Sujets, d'étouffer dans leurs cœurs l'amour du prochain, le
refpect & l'obéiffance due au Trône. Nous
avons jugé à propos de vous faire part fans délai
de tout ce que nous venons de vous dire; afin

que, duement averti de la nourriture empoi-
fonnée que la méchanceté a prétendu donner
à vos ouailles, votre vigilance paftorale puiffe
prendre les précautions néceffaires pour les en
préferver, & faire produire à la vigne du Seigneur que vous cultivez avec tant de zele &
d'édification, de dignes fruits de vie & de falut.

Du Palais de Notre-Dame d'Ajuda, le 19
Janvier 1759.

LE ROI.

Fin des Pieces Juftificatives du Tome II.